„Si vis pacem para pacem" (Wenn du den Frieden willst, bereite den Frieden vor.) – unter dieser Maxime steht das Leitbild des gerechten Friedens, das in Deutschland, aber auch in großen Teilen der ökumenischen Bewegung weltweit als friedensethischer Konsens gelten kann. Damit verbunden ist ein Perspektivenwechsel: Nicht mehr der Krieg, sondern der Frieden steht im Fokus des neuen Konzeptes. Dennoch bleibt die Frage nach der Anwendung von Waffengewalt auch für den gerechten Frieden virulent, gilt diese nach wie vor als Ultima Ratio. Das Paradigma des gerechten Friedens einschließlich der rechtserhaltenden Gewalt steht auch im Mittelpunkt der Friedensdenkschrift der Evangelischen Kirche in Deutschland (EKD) von 2007. Seitdem hat sich die politische Weltlage erheblich verändert; es stellen sich neue friedens- und sicherheitspolitische Anforderungen. Zudem fordern qualitativ neuartige Entwicklungen wie autonome Waffensysteme im Bereich der Rüstung oder auch der Cyberwar als eine neue Form der Kriegsführung die Friedensethik heraus. Damit ergibt sich die Notwendigkeit, Analysen fortzuführen, sie um neue Problemlagen zu erweitern sowie Konkretionen vorzunehmen. Im Rahmen eines dreijährigen Konsultationsprozesses, der vom Rat der EKD und der Evangelischen Friedensarbeit unterstützt und von der Evangelischen Seelsorge in der Bundeswehr gefördert wird, stellen sich vier interdisziplinär zusammengesetzte Arbeitsgruppen dieser Aufgabe. Die Reihe präsentiert die Ergebnisse dieses Prozesses. Sie behandelt Grundsatzfragen (I), Fragen zur Gewalt (II), Frieden und Recht (III) sowie politisch-ethische Herausforderungen (IV).

Weitere Bände in der Reihe http://www.springer.com/series/15668

Recht wird im Folgenden definiert als

> „die Gesamtheit von Normen für die äußere Handlungskoordinie-
> rung, deren Befolgung von den Angehörigen eines Sozialverbandes
> auf identische Weise erwartet wird und deren Geltung darauf
> beruht, dass sie sozial wirksam, ordnungsgemäß gesetzt und (je-
> denfalls minimal) gerecht sind" (Reuter 2013, S. 192).

Internationales Recht ist das Recht, das auf dem Level der weltweiten Gemeinschaft von Nationen rangiert: „It is law relevant not
only to states and international organizations, but to individuals
and groups when their activities or experiences have international
impact" (O'Connell 2016, S. 45).

Im Verlaufe eines langen historischen Prozesses hat sich in den
internationalen Beziehungen ein eigenständiger Korpus von recht-
lichen Regelungen zum Einsatz militärischer Gewalt entwickelt.
Begann dieser Prozess – ausgehend von seinen Anfängen in der
Antike – im Christentum mit der Moraltheologie des Augustins
in seiner Lehre vom *bellum iustum*, die von Thomas von Aquin
weitergedacht wurde (vgl. O'Connell 2012, S. 274ff.), so lieferte diese
Lehre vom gerechten Krieg über lange Zeit hinweg die normativen
Maßstäbe für jede Form der Begrenzung militärischer Gewalt.
Aus der politischen Bewegung des Pazifismus und der internationalen Friedensbewegung entwickelte sich die Forderung nach
einer wirksamen Einhegung des Krieges als Mittel der Politik (vgl.
O'Connell 2012, S. 280ff.). Die Erfahrungen der beiden Weltkriege
verdeutlichten die Notwendigkeit einer rechtlichen Eindämmung
militärischer Gewalt in internationalen Zusammenhängen. Mit dem
Briand-Kellogg-Pakt von 1928 als völkerrechtlichem Vertrag wurde
der Krieg geächtet. Eine weitere Stufe findet diese Entwicklung
in der UN-Charta: Hier wurde die Verurteilung des Krieges als
eine Grundregel der modernen Völkerrechtsordnung verankert.
Diese Ächtung findet sich in dem Gewaltverbot des Art. 2 (4) der

Recht in der Bibel und in kirchlichen Traditionen
Eine Einführung

Sarah Jäger

1 Zum Begriff des Rechts

1.1 Recht als zentrale friedensethische Kategorie

Wird in friedensethischen Zusammenhängen nach der Bedeutung des Rechtes gefragt, so zeigt sich schnell, dass damit eine der zentralen Kategorien friedensethischer Auseinandersetzung aufgerufen wird. Bei Debatten etwa um die deutsche Beteiligung am militärischen Vorgehen gegen den Islamischen Staat in Syrien und im Irak liegt der Fokus sehr schnell nicht mehr auf der Friedensethik, sondern auf Fragen nach der völker- und verfassungsrechtlichen Zulässigkeit eines solchen Einsatzes. Der Zusammenhang und das Verhältnis von Ethik und Recht gehören somit zu den fundamentalethischen Herausforderungen und werden seit der Antike diskutiert. Dennoch stellt sich dieses Problem je nach aktueller Situation immer wieder neu.

© Springer Fachmedien Wiesbaden GmbH, ein Teil von Springer Nature 2018
S. Jäger und A. von Scheliha (Hrsg.), *Recht in der Bibel und in kirchlichen Traditionen*, Gerechter Frieden, https://doi.org/10.1007/978-3-658-20937-7_1

Inhalt

Herausgeber
Sarah Jäger
Forschungsstätte der Evangelischen
Studiengemeinschaft e. V.
Heidelberg, Deutschland

Arnulf von Scheliha
Institut für Ethik
Universität Münster
Münster, Deutschland

Gerechter Frieden
ISBN 978-3-658-20936-0   ISBN 978-3-658-20937-7   (eBook)
https://doi.org/10.1007/978-3-658-20937-7

Die Deutsche Nationalbibliothek verzeichnet diese Publikation in der Deutschen
Nationalbibliografie; detaillierte bibliografische Daten sind im Internet über
http://dnb.d-nb.de abrufbar.

Springer VS

Gedruckt auf säurefreiem und chlorfrei gebleichtem Papier

Springer VS ist ein Imprint der eingetragenen Gesellschaft Springer Fachmedien
Wiesbaden GmbH und ist ein Teil von Springer Nature
Die Anschrift der Gesellschaft ist: Abraham-Lincoln-Str. 46, 65189 Wiesbaden, Germany

Sarah Jäger · Arnulf von Scheliha
(Hrsg.)

Recht in der Bibel und in kirchlichen Traditionen

Frieden und Recht · Band 1

Im vordeuteronomistischen Recht der Lokalgerichte Judas spiegeln sich die Lebenssituationen dörflich-agrarischer Gemeinschaften wie die Schädigung des Viehbestandes (Ex 21,33-22,3), des Feldes und der Ernte (Ex 22,4f) usw. Zugleich zeigt sich in den Dörfern bereits ein sozialer Differenzierungsprozess in unterschiedliche gesellschaftliche Schichten. Ein Ausdruck dafür sind beispielsweise die Gesetze zu Sklaven (Ex 21,2-11.20f.26f.32) oder Tagelöhnern (Ex 22, 14). Das kasuistische Recht, das auf Einzelfällen gründet, reagiert darauf mit der Erweiterung des Rechts durch ein soziales Ausgleichsethos (Ex 21,2-11). Die Ortsgerichte sind zunächst von staatlicher Kontrolle weitgehend unberührt. Erst mit der Gerichtsreform des Königs Josia (Dtn 16,18-17,13) veränderte sich dies: Er professionalisierte die Ortsgerichtsbarkeit durch die Abordnung von beamteten Richtern und Schreibern und zentralisierte die kultische Gerichtsbarkeit an den Lokalheiligtümern in Jerusalem am Tempel. Die frühen judäischen Rechte bedurften keiner expliziten Begründung. Dies änderte sich erst in der Königszeit, in der dem Recht eine wichtige Funktion für den Schutz der Schwachen zugesprochen wurde. In Juda unterzogen Priesterkreise die Gesetze einer theologischen Revision, so wurden sie mit einer offenbarungstheologischen Rechtsbegründung versehen, und Recht und Gerechtigkeit traten in eine enge Verbindung (Otto 1997, S. 204). Kennzeichnend dafür war, dass Gerechtigkeit in den bestehenden Kategorien des Rechts realisiert werden sollte. Die Struktur des alttestamentlichen Rechtsdenkens von der Zusage der Nähe Gottes und der Forderung nach einem ethischen Leben lässt sich am deutlichsten am Dekalog begreifen. Hier wird der Gedanke der Freiheit greifbar, beginnt er doch mit einer Erinnerung an das Geschehen der Befreiung des Volkes Israel aus Ägypten (Huber 2006, S. 152). Die Freiheit Israels und das Gesetz erscheinen so unteilbar miteinander verbunden. Diese Vorstellung von Recht, das durch das erste Gebot strukturiert ist, findet sich auch im Bundesbuch (Ex 20,22-23,33), das beansprucht, Gottesrecht zu sein. So geht es im Bundesbuch um grundsätzliche religiöse Fragen wie das Verbot von Bildern Gottes, das Errichten eines Altars und die großen Feste des Jahres, Zusammenhänge also, die sich auf die Verehrung Gottes konzentrieren.

Christen in der neutestamentlichen Zeit wussten sich in das Rechtswesen eingebunden und sahen die Rechtsnormen ihrer Umwelt nicht als suspendiert an (Wolter 1997, S. 210). Anders als in anderen messianischen Bewegungen wurde die römische Besatzung mit ihren Rechtssatzungen akzeptiert und sollte nicht durch Revolution gestürzt werden. Dies lässt sich beispielsweise an der Verwendung des Adjektivs „gerecht" erkennen, das sich auf einen Menschen beziehen kann, der in Übereinstimmung mit den Normen des Gesetzes und der Billigkeit lebt (Phil 4,8, Kol 4,1). Bedingt durch die geläufige Gleichsetzung von gerecht und gut wird im 1. Petrusbrief die Erfüllung der Rechtsnormen der Umwelt und der römischen Besatzungsmacht zum Gegenstand der Ermahnung (1 Petr 2,12.14f.20; 1 Petr 3.13.16f.). Dabei steht jedoch die Vergewisserung christlicher Identität im Mittelpunkt: Nur wenn das Leiden der Christinnen und Christen nicht auf Sanktionen der Rechtsordnung, besonders im Bereich des Strafrechts, beruht und damit „gerecht" ist, kann es als Teilhabe am unschuldigen Leiden Jesu Christi gedeutet werden (1 Petr 3,18; 1 Petr 4,13.16). Die Einhaltung des staatlichen Rechts ist damit Teil eines gottesfürchtigen Lebens. Der rechtliche Status, der Menschen aufgrund ihres Geschlechtes oder ihrer ethnischen Zugehörigkeit zugewiesen wurde, hatte innerhalb der christlichen Gemeinde jedoch keine Bedeutung, dieser ist durch die Taufe und die gemeinsame Gabe des Heiligen Geistes außer Kraft gesetzt: „Hier ist nicht Jude noch Grieche, hier ist nicht Sklave noch Freier, hier ist nicht Mann noch Frau; denn ihr seid allesamt einer in Christus Jesus" (Gal 3,28). Im privatrechtlichen Bereich wird die römische Rechtsordnung ebenfalls nicht infrage gestellt, allerdings werden die Paradigmen für die Regelung privater Rechtsansprüche, die Christen gegeneinander haben können, relativiert (vgl. den Philemonbrief und 1Kor 6,1-8): Die gemeinsame christliche Identität sollte die Beziehung zwischen Christen so bestimmen, dass diese sich nicht nach geltendem Recht vor öffentlichen Gerichten verklagten, sondern versuchten, ihre Konflikte innerhalb der Gemeinde zu regeln (Wolter 1997, S. 212). So lässt sich an dieser Stelle ein deutlicher Unterschied zwischen dem Alten und Neuen Testament feststellen:

> „Während die im Deuteronomium zu klassischem Ausdruck kommende Konzeption alles für Israel relevante Recht in der Tora zusammengefasst sieht, deren Mittler Mose und deren Adressaten die freien grundbesitzenden Männer Israels sind, fehlt dem Neuen Testament eine vergleichbare einheitliche Größe, die alles Recht umfasst" (Huber 2006, S. 157).

Den ersten Gemeinden war es in einer sie umgebenden paganen Umwelt fremd, eine eigene Form der Verfassung zu entwerfen. Ihre soziale Stellung ebenso wie die Naherwartung der Parusie führten mit dazu, dass sie kein großes Interesse an dauerhaften Rechtsregeln entwickelten.

1.3   Recht in den kirchlichen Traditionen

Eine christliche Theologie von ihren Anfängen an kann keinem Bereich menschlicher Wirklichkeit eine von Gottes Wirken unabhängige Eigengesetzlichkeit zuschreiben. Die in der Scholastik begründete Tradition des Rechtsverständnisses unterscheidet deshalb zwischen dem Recht, das von Menschen gesetzt wird (*ius humanum*), und dem Recht, das Gott selbst gesetzt hat (*ius divinum*). Das *ius humanum* hat dieser Unterscheidung folgend keinen eigenständigen Charakter, sondern versteht sich als ein System der Konkretion zum *ius divinum* (Schuck 2004, Sp. 92). Das Rechtsverständnis der christlichen Theologie ist stark geprägt von der Beschäftigung mit der theologischen Kategorie des Gesetzes in Bezugnahme auf das Evangelium und die Rechtfertigung des Menschen. Die Entstehung des neuzeitlichen Territorialstaates stellt dabei den sozialen Kontext der Rechtslehre der Reformatoren dar. Gemeinreformatorisch lässt sich festhalten, dass das Recht als ein „weltlich Ding" der natürlichen Vernunft zugeordnet wurde, die in ihrem unmittelbaren Transzendenzbezug gebrochen war und damit der Handhabung durch die weltliche Obrigkeit unterstellt wurde. Dabei nehmen Martin Luther und Johannes Calvin als zwei der einflussreichsten reformatorischen Stimmen je unterschiedliche Schwerpunktsetzungen vor: Im Rahmen der Zwei-Reiche- und Regimenten-Lehre wird das Recht bei Martin Luther ganz dem zeitlichen Reich der Welt oder dem weltlichen Regiment zugeschlagen (WA 11, 250ff.)[1]. Das Recht als Mittel von Gottes weltlichem Regiment regelt das äußere Zusammenleben der Menschen als Gerechtfertigte und Sünder zugleich. Der Umgang mit dem Recht gehört demnach in die weltliche Berufs- und Verantwortungssphäre des Christen, die Luther der Tradition der Drei-Stände-Lehre folgend in Staat (*politeia*), Wirtschaft (*oeconomia*) sowie Ehe, Familie und Kirche *(ecclesia)* gliedert. In den Bereich des Staates wird nun das Recht gesetzt und gehandhabt, jedoch nie nur als Zwangsinstrument, sondern als eine lebensdienliche Ordnung, die an den Maßstab der Vernunft gebunden ist. Die Vernunft erscheint bei Luther als Quelle allen positiven Rechts, das Gewissen versteht er

---

1   Martin Luther wird zitiert nach: Kritische Gesamtausgabe, Weimar (WA) mit Angabe des Bandes und der Seitenzahl. Die Zitate sind in modernes Deutsch übertragen worden – im Rückgriff auf die deutschen Werkausgaben von Kurt Aland einerseits und Gerhard Ebeling sowie Karin Bornkamm andererseits.

als Erkenntnisgrund des natürlichen Rechts, das Gott nach Röm 2, 15 allen Menschen ins Herz geschrieben hat. In seinem sachlichen Gehalt wird das „natürlich recht" oder Gesetz bezeugt durch die Weisheit der Völker, die Goldene Regel und die zweite Tafel des Dekalogs[2] (WA 42, 205), die ihrerseits hin geordnet sind auf das in Christus erfüllte Doppelgebot der Liebe.

Der Genfer Reformator Johannes Calvin geht wie Luther auch von einem dreifachen Gebrauch des Gesetzes aus, setzt jedoch andere Schwerpunkte (Calvin Inst. II, 7,6ff.). Bei ihm herrscht Zurückhaltung gegenüber der Naturrechtstradition, er nimmt eine Aufwertung des positiven Gesetzes vor, die für ihn in der göttlichen Majestät und Prädestination begründet ist. Er überträgt Elemente des im französischen Staatsrecht entwickelten Begriffs der Souveränität auf Gott. Calvin verortet die Lehre vom positiven Recht im Rahmen der gemeinreformatorischen Zwei-Regimenten-Lehre, betont dabei jedoch weniger den Liebes- oder Erhaltungswillen des Schöpfers als vielmehr die göttliche Autorität und Ehre (Calvin Inst. IV, 20). Der Sinn des Gesetzes liege dann vor allem im Schutz und in der Förderung der Verehrung Gottes in allen Bereichen des Lebens, weniger im Eindämmen der Sünde. Das positive Recht soll sich am Grundsatz der Billigkeit ausrichten, so dass dieses zwar nicht als reines Zwangsrecht bestimmt wird, aber der Verbindlichkeitsgrund von Rechtsnormen vor allem in ihrer Eigenschaft liegt, Befehle der Obrigkeit zu sein. Wenn später Theologen wie zum Beispiel Theodor Beza auf der Grundlage von Calvins Gemeindebegriff Lehren von der Volkssouveränität und

---

2 Nirgendwo im Alten Testament findet sich eine eindeutige Verteilung der Sätze auf zehn Worte, noch der zehn Worte auf die beiden Tafeln. Erst das rabbinische Judentum und der Talmud beschreiben diese Anordnung: Die Worte der ersten Tafel (vom Prolog bis zur Ehrung der Eltern) ordnen das Verhältnis zu Gott, die der zweiten Tafel das zum Nächsten.

dem Widerstandsrecht des Volkes entwickelten, gingen sie damit
weit über Calvin hinaus.

In der Zeit der Konfessionalisierung verstärken sich Bemühungen, das Recht auf eine allgemeine säkulare Legitimationsbasis zu
stellen. Die daran anschließenden Naturrechtslehrer wie Hugo
Grotius, Samuel Pufendorf oder Christian Thomasius differenzieren
stärker zwischen Religion, Sittlichkeit und Recht, lösen sich aber
gleichwohl nicht vollständig von der christlichen Überlieferung:

> „Mit dem Aufkommen der modernen Naturwissenschaft jedoch,
> die den teleologischen Naturbegriff strittig werden lässt, gehen
> die neuzeitlichen Konzeptionen des Gesellschaftsvertrages zu
> einer dezidiert rationalen, am individuellen Eigeninteresse ori-
> entierten Rechts- und Staatsbegründung über, ohne allerdings
> auf Letztlegitimation religiöser Provenienz ganz zu verzichten"
> (Reuter 2013, S. 197).

Solche Konzeptionen finden sich beispielsweise bei Thomas Hobbes,
John Locke oder Jean Jacques Rousseau. Erst Immanuel Kant entwickelt eine Begründung des Rechts, die alleine auf der Vernunft
beruht. Der Grund für die Verbindlichkeit positiver Rechtsgesetze
liegt nur im allgemeinen Sittengesetz, also im kategorischen Imperativ. Die Gesetzgebung der reinen praktischen Vernunft bezieht
sich zugleich auf die ethische Gesetzgebung, das Handeln aus Pflicht
und die juridische Gesetzgebung, also auf die Pflichtgemäßheit
des Handelns (Legalität).

Für die evangelisch-theologische Rechtsethik wurde in besonderer Weise die Auseinandersetzung mit den Erfahrungen zweier
Weltkriege prägend, die das bisherige theologisch-ethische Denken
grundlegend infrage stellten. Für die Zeit nach dem Ersten Welt-
krieg war vor allem das Ende der Monarchie und des landesherrli-
chen Kirchenregiments ein wichtiger Punkt der Beschäftigung und
der eigenen Identitätsfindung. Nach 1949 setzte sich der deutsche

Protestantismus intensiv mit der Demokratie auseinander. Dies verlangte angesichts seiner vordemokratischen Tradition Umschreibungen, gezielte Diskontinuitäten und Neugründungen in Ethik und Rechtstheologie. Schließlich gilt für alle Überlegungen zum Thema Recht in der Bibel und in kirchlichen Traditionen, was der Theologe Wolfgang Huber so formuliert:

> „Das moderne Recht – einschließlich des Menschenrechtsgedankens – lässt sich mit dem biblischen Rechtsdenken nur noch von ferne und allenfalls an einzelnen, sehr prinzipiellen Punkten auf dem Weg einer genetischen Legitimation verknüpfen, die nach den Auswirkungen des biblischen Rechtsdenkens auf Struktur und Inhalt moderner Rechtssysteme fragt. […] Nur auf dem Weg der kritischen Frage nach ihrer Entsprechung lässt sich heute das Verhältnis von modernen Rechtssystemen und biblischem Rechtsdenken bestimmen" (Huber 2006, S. 167).

Die Denkschrift „Aus Gottes Frieden leben – für gerechten Frieden sorgen" des Rates der Evangelischen Kirche in Deutschland (EKD 2007, Ziff. 85) formuliert den Zusammenhang zwischen Frieden und Völkerrecht folgendermaßen:

> „Einer Ethik des Völkerrechts bedarf es erstens, um völkerrechtliche Normen und Institutionen auf ihren moralischen Gehalt hin zu reflektieren. Eine Völkerrechtsethik ist zweitens zur Erwägung derjenigen moralischen Konflikte erforderlich, die bei Regelungslücken, Interpretationsspielräumen oder Kollisionen völkerrechtlicher Normen auftreten können. Eine Verständigung über die ethischen, vorrechtlichen Grundlagen des Völkerrechts ist drittens notwendig, weil seine Interpretation und Fortbildung einen Vorgriff auf den projektierten Soll- und Zielzustand einer Weltfriedensordnung voraussetzt."

In der evangelischen Kirche wird der Friede stark an die Herrschaft des Rechts gebunden („Frieden durch Recht"). Diesen expliziten

Rechtsbezug haben andere Konfessionen nicht in dieser Weise: Das katholische Bischofswort von 2000 etwa enthält diese ausdrückliche Forderung nicht, hier wird das Recht als ein Instrument unter anderen verstanden (Hoppe und Werkner 2017, S. 351). In der Orthodoxie wiederum ist die Zusammenarbeit von Kirche und Staat durch das Konzept der Symphonia geprägt. Dieses Prinzip bestimmt das gegenseitige Einvernehmen bei Unabhängigkeit beider Bereiche voneinander.

2   Zu diesem Band

Ausgehend von der biblischen Überlieferung und den kirchlichen Traditionen fragt dieser Band nach dem Zusammenhang von Recht und Frieden. Die Annahme einer Friedensordnung als Rechtsordnung wie sie für das Konzept des gerechten Friedens zentral ist, muss dabei theologisch eingebettet werden. Der biblische Befund im Alten und Neuen Testament zum Thema Recht ist vielfältig und abhängig von der jeweiligen sozialen und historischen Situation. Hier gilt es vor allem, das Verhältnis zum Frieden noch stärker in den Blick zu nehmen. Der Band verhandelt diese Thematik anhand von vier Perspektiven:

Der erste Beitrag von Frank Crüsemann widmet sich diesem vielschichtigen biblischen Befund zur Frage des Rechts im Zusammenhang mit den Themen Gewalt und Frieden. Der Verfasser betont, dass, im Verständnis der überlieferten Texte, menschlicher Gewalt nicht durch Gegengewalt, sondern vielmehr durch Recht begegnet werde und hier auch Wurzeln für die Setzung der Friedensdenkschrift (EKD 2007) „Frieden durch Recht" liegen.

Die beiden folgenden Beiträge untersuchen die kirchlichen Traditionen. Aus einer protestantischen Perspektive fragt Friedrich Lohmann nach der Bedeutung des weltlichen Rechts in der reformatorischen Theologie von Martin Luther, Philipp Melanchthon, Johannes Calvin und der täuferischen Tradition als Inspirationsquelle für gegenwärtige Herausforderungen.

Aus einer katholischen Sicht betrachtet Thomas Hoppe im dritten Beitrag die Geltungsgründe und Verbindlichkeitsgrenzen von Rechtsnormen. Er bringt hier das Naturrechtskonzept als Quelle der katholischen Rechtslehre mit dem Thema des Gewissens ins Gespräch und aktualisiert dies an Themen wie zivilem Ungehorsam und Widerstandsrecht. Dabei begreift er diese Rechtsethik als eine der Grundlagen für den gerechten Frieden.

Der vierte Beitrag schließlich weitet den Blick über die kirchlichen Traditionen hinaus. Stefan Oeter untersucht die Bedeutung des Prinzips rechtserhaltender Gewalt für die Legitimation staatlicher oder internationaler Gewalt. Besonders beschäftigt er sich mit dem Verhältnis von Friedensethik und völkerrechtlicher Friedenssicherung.

Der abschließende Ausblick beleuchtet noch einmal zentrale Argumentationslinien und Begründungszusammenhänge und vertieft besonders die Frage nach den Grenzen des Rechts. Zukünftige Herausforderungen für die Friedens- und Rechtsethik sieht er vor allem in der Auslegung des Rechts, der Mehrdeutigkeit des Rechts und der Suche nach vielfältigen Möglichkeiten, Konflikte beizulegen.

Literatur

Calvin, Johannes. 2008 [1559]. *Unterricht in der christlichen Religion. Institutio christianae religionis 1559* (=Inst.). Nach der letzten Ausgabe von 1559 übers. und bearb. von Otto Weber, im Auftrag des Reformierten Bundes bearb. und neu hrsg. von Matthias Freudenberg. Neukirchen: Neukirchener Theologie.

EKD. 2007. *Aus Gottes Frieden leben – für gerechten Frieden sorgen. Eine Denkschrift des Rates der Evangelischen Kirche in Deutschland.* Gütersloh: Gütersloher Verlagshaus.

Hoppe, Thomas und Ines-Jacqueline Werkner. 2017. Der gerechte Frieden: Positionen in der katholischen und evangelischen Kirche in Deutschland. In *Handbuch Friedensethik*, hrsg. von Ines-Jacqueline Werkner und Klaus Ebeling, 343-359. Wiesbaden: VS Springer.

Huber, Wolfgang. 2006. *Gerechtigkeit und Recht. Grundlinien christlicher Rechtsethik.* 3. Aufl. Gütersloh: Gütersloher Verlagshaus.

O'Connell, Mary Ellen. 2012. Peace and War. In *The Oxford Handbook of the History of International Law*, hrsg. von Bardo Fassbender und Anne Peters, 272-293. Oxford: Oxford University Press.

O'Connell, Mary Ellen. 2016. Belief in the Authority of International Law for Peace: A Reflection on Pacem in Terris. In *Peace Through Law. Reflections on Pacem in Terris from Philosophy, Law, Theology, and Political Science*, hrsg. von Heinz-Gerhard Justenhoven und Mary Ellen O'Connell, 45-64. Baden-Baden: Nomos.

Oeter, Stefan. 2017. Die friedensethische Bedeutung der Kategorie Recht. In *Handbuch Friedensethik*, hrsg. von Ines-Jacqueline Werkner und Klaus Ebeling, 139-149. Wiesbaden: VS Springer.

Otto, Eckart. 1997. Art. I. Recht/Rechtswesen im Alten Orient und im Alten Testament. In *Theologische Realenzyklopädie*, Bd. XXVIII, hrsg. von Gerhard Müller, 197-209. Berlin: Walter de Gruyter.

Reuter, Hans-Richard. 2013. *Recht und Frieden. Beiträge zur politischen Ethik.* Leipzig: Evangelische Verlagsanstalt.

Schuck, Martin. 2004. Art. Recht, VI. Dogmatisch. In *Religion in Geschichte und Gegenwart.* Bd. 7, hrsg. von Hans Dieter Betz, Don S. Browning, Bernd Janowski und Eberhard Jüngel, Sp. 92-94. 4. Aufl. Tübingen: Mohr Siebeck.

Wolter, Michael. 1997. Art II. Recht/Rechtswesen im Neuen Testament. In *Theologische Realenzyklopädie*, Bd. XXVIII, hrsg. von Gerhard Müller, 209-213. Berlin: Walter de Gruyter.

Frieden durch Recht in biblischer Perspektive[1]

Frank Crüsemann

1   Einleitung

In der Friedensdenkschrift der EKD von 2007 wird beim Versuch einer biblischen Grundlegung zwar auf eine Reihe biblischer Formulierungen zum Begriff der Gerechtigkeit verwiesen (bes. in Abschnitt 2.5.1 „Die Verheißung von Frieden und Gerechtigkeit"). Doch der zentrale Mittelteil zum Thema „gerechter Friede durch Recht" und damit die eigentliche These mit der politischen Stoßrichtung des Papiers bleiben ohne jeden biblischen Bezug. Wie Frieden und Recht in der Bibel zusammenhängen, wird nicht gefragt und kommt nicht in Sicht. Das Folgende ist der Versuch, diesen Zusammenhang in Grundzügen vorzustellen.

---

[1]   Herrn Prof. Dr. Thomas Hoppe danke ich, dass er mir seine „Replik" auf die erste Fassung dieses Textes zur Verfügung gestellt und – samt einiger Aspekte der Diskussion meines Textes bei der Konsultation in Heidelberg, an der ich leider nicht teilnehmen konnte – fernmündlich erläutert hat.

© Springer Fachmedien Wiesbaden GmbH, ein Teil von Springer Nature 2018
S. Jäger und A. von Scheliha (Hrsg.), *Recht in der Bibel und in kirchlichen Traditionen*, Gerechter Friede, https://doi.org/10.1007/978-3-658-20937-7_2

Diese Lücke lag nicht zuletzt daran, dass die Frage nach Recht in der Bibel unausweichlich auf das Alte Testament und sein Zentrum in der Gabe der Tora am Sinai führt. Nur hier gibt es ausformuliertes Recht, und eine Fülle weiterer biblischer Texte wird dem auf unterschiedliche Weise zugeordnet. Doch gewichtige christliche und reformatorische Traditionen sehen hier ein „Gesetz", das nicht nur fremd und weithin unbekannt ist, sondern vielfach geradezu als Gegensatz zum „Evangelium" angesehen wurde. Eine veränderte Sicht hat sich seit dem deutschen Kirchenkampf und insbesondere im christlich-jüdischen Dialog langsam durchgesetzt und hängt mit einer veränderten Wahrnehmung und Wertung einschlägiger *neutestamentlicher* Texte zusammen.

Die Frage nach der Rolle des Rechts im Kampf gegen Gewalt wird im Folgenden methodisch primär vom überlieferten Text der Bibel her untersucht („kanonische Exegese") und nicht von rekonstruierten Vorformen („Quellen"), bleibt aber naturgemäß auf die damalige Welt und ihre Erfahrungen bezogen (sozialgeschichtliche Exegese)[2]. Nun ist von den vielen Formen menschlicher Gewalt der Krieg diejenige, die bis heute nur höchst unzulänglich durch das Recht zu zähmen ist. Vor den biblischen Ansätzen dazu (3.) muss es deshalb um die grundsätzliche Rolle des Rechts im Kampf gegen menschliche Gewalt gehen (2.).

---

2   Zu den damit angeschnittenen methodischen Fragen vgl. Kessler (2017, S. 59ff. [§ 4]).

2   Recht gegen Gewalt

2.1   Urgeschichte: Die universale Gewalt und das menschliche Recht

Der universalen Gewalt wird von Gott das Recht entgegengesetzt. Das wird zunächst in der Urgeschichte (Gen 1-11) erzählt, die als Auftakt der Bibel alles Weitere wie ein Vorzeichen vor der Klammer prägt. Allerdings erschließt sich der volle Sinn dieser Erzählung über das Eindringen der Gewalt in die anfangs *„sehr gute"* Welt (Gen 1,31) und über das, was Gott ihr entgegensetzt, nur dann, wenn man das Ganze ins Auge fasst und den Text nicht vorgängig in zwei angeblich unabhängige „Quellen" zerlegt[3]. Was es mit den Menschen und ihrer Bosheit auf sich hat, ist endgültig erreicht, wenn es im Auftakt zur Sintflutgeschichte heißt: „Da sah Adonaj, dass die Bosheit der Menschen auf der Erde groß war. Jede Verwirklichung der Planungen des menschlichen Herzens war durch und durch böse Tag für Tag" (Gen 6,5).[4] Martin Luthers Wiedergabe, wonach „alles Dichten und Trachten" des menschlichen Herzens böse ist, ist eine irreführende Fehlübersetzung. Im biblischen Text ist nicht das menschliche Herz böse, nicht einmal seine Gedanken oder Planungen, die werden vielmehr, wie üblich, auf Gutes zielen, sondern allein das Gebilde der Planungen, also ihre Realisierungen, das, was dabei am Ende herauskommt. Ihretwegen bereut Gott die Erschaffung der Menschen und beschließt sie fast in Gänze wieder zu vernichten. In dieser Sicht der Menschen kommt endgültig das

---

3   Gerade hier sind selbst neuere Versuche, nach der Theologie des Ganzen zu fragen, noch sehr stark von den literarkritischen Fragen bestimmt (etwa Schüle 2006); andere Ansätze bei Rendtorff (1999/2001) sowie jetzt Kessler (2017, S. 91ff. [§ 7+8]).

4   Übersetzung hier und im Folgenden nach oder im engen Anschluss an: Bibel in gerechter Sprache (2011). Ausnahmen sind angegeben.

zum Vorschein, was mit dem Griff nach der Frucht vom Baum der Erkenntnis von Gut und Böse in Gen 2f. begonnen hat. Um hier den biblischen Text selbst wahrzunehmen und nicht die überaus mächtigen Muster, die ihn besetzt halten („Sündenfall"), sind einige eindeutige exegetische Erkenntnisse zu beachten. Das Erkennen von Gut und Böse bezeichnet sonst mehrfach das Selbständigwerden von Kindern (Dtn 1,39; Jes 7,15f.). Gemeint ist das Wissen darum, was für sie im alltäglichen Leben gut und was schlecht ist, im Sinne von „dem Leben förderlich oder abträglich" (Schottroff 1971, Sp. 689). Es geht darum, die Gefährdungen des Lebens zu erkennen und damit angemessen umzugehen. Dazu passt, dass das hebräische Wort für „erkennen" nicht nur einen kognitiven, inneren Akt, sondern stets auch den praktischen Umgang mit den „Objekten" der Erkenntnis meint. Wie diese Erkenntnis von Gut und Böse funktioniert, zeigt sich bei der Übertretung des Verbots: „Da sah die Frau, dass es gut wäre, von dem Baum zu essen, dass er eine Lust war für die Augen… Sie nahm von seiner Frucht und aß" (Gen 3,6). Sie erkennt also, dass es für sie jetzt im Moment gut ist, von dieser Frucht zu nehmen. Das zeigt: Erkennen des Guten heißt, durch Handeln zu vollziehen, was für einen selbst und im Moment gut ist – beziehungsweise so erscheint. Langfristige Folgen sind nicht im Blick. Das ist nicht weit entfernt von dem, was man Narzissmus nennt. Es ist allerdings durchaus weit von dem entfernt, was die christliche Auslegung jahrtausendelang hier gefunden hat, den Sündenfall. Das zeigt der erzählte Zusammenhang. Was als unmittelbare Folge des Griffs zur verbotenen Frucht konstatiert wird – „Da wurden beiden die Augen geöffnet und sie erkannten, dass sie nichts anhatten" (Gen 3,7) – ist genau das, was zu erwarten war: ein Erkennen. Von Schuld und ihren Folgen ist allerdings nicht die Rede, es geht um etwas Anderes, die Scham (zu diesem Verständnis im Detail Crüsemann 2010). Und auf sie zielen auch Gottes Reaktionen, etwa wenn er die beiden mit eigenhändig gemachten Kleidern bekleidet (Gen 3,21).

Will man nicht gegen den Sprachgebrauch der Bibel den puren Akt des Ungehorsams „Sünde" nennen, dann geht es darum erst im Konflikt zwischen Kain und Abel. Hier in Gen 4,7, wo die Rede vom Guten mit den entsprechenden Verben fortgeführt wird, hier und nicht vorher kommt zum ersten Mal einer der biblischen Begriffe für Sünde vor – in dem Moment also, wo es um den Umschlag in Gewalt geht und damit um massiv negative Folgen des Handelns. Kain hat zweifellos genau wie sein Bruder Gutes mit seinem Opfer gewollt, in erster Linie für sich, ebenso zweifellos. Wo das nicht gelingt, wo also der Stolz auf die eigene „Leistung" nicht möglich ist, erhebt sich die Sünde und droht wie ein wildes Tier. Sie ist mächtig und gefährlich, aber sie kann und soll beherrscht werden. Weil das möglich bleibt und immer wieder auch geschieht, sonst könnte es einen Noach nicht geben, wird unübersehbar: Es geht bei den grundsätzlichen Aussagen von Gen 6,5 und Gen 8,21 um das typische Menschsein, nicht um etwas für jede(n) Einzelne(n) in jedem Moment unausweichlich. Für den biblischen Gesamtzusammenhang ist entscheidend: Das Gute, das ich erkenne, ist das, was mir als das Lebensförderliche erscheint, fast unausweichlich zuerst und zuletzt für mich selbst. Und es wird dann zum Bösen und damit zur Sünde, wenn es auf Kosten anderer geht und mit Gewalt durchgesetzt wird. Solche Gewalt wird dann bei den Nachfahren Kains zur Regel (Gen 4) und steigert sich, bis es die ganze Menschheit, ja die ganze Schöpfung, erfasst. Gewalt wird damit zum universalen, allgemeinen Verhaltensmuster und das führt zur Flut: „Und die Erde verdarb vor dem Angesicht Gottes, indem Gewalt die Erde erfüllte" (Gen 6,11). Wie realistisch diese Sicht der Menschen als ,jene Kraft, die stets das Gute will und meist das Böse schafft'[5]

---

5   Unter Umdrehung der Selbstbezeichnung Mephistos als „Teil von jener Kraft, die stets das Böse will und stets das Gute schafft" (Goethe 1981, Nr. 1335f.).

ist, ist spätestens in den Schrecken des 20. Jahrhunderts unübersehbar geworden. Kommt für Goethe (und seine Zeit) Gutes selbst dann
heraus, wenn der Böse das Böse intendiert, ist die Bibel viel radikaler.
Schon damals sah sie etwas, was sich erst in den Höllenstürzen des
20. Jahrhunderts vollends gezeigt hat: Man will etwas, was als das
Gute erscheint, und bewirkt das Böse. Es ist dieses Wissen darum,
wozu Menschen fähig sind, das eine solche Lektüre des biblischen
Textes möglich, aber dann auch unvermeidlich macht. Wir wissen,
dass die Durchsetzung des – ideologisch und kollektiv – für gut
Gehaltenen, etwa als kommunistische, als rassereine oder (gerade
heute wieder) als religiös einheitliche Gesellschaft, in unausdenk-
bare Formen des radikal Bösen umschlagen kann. Anders als in
der Wahrnehmung als „Sündenfall" ist solches Verhalten allerdings
nicht zwangsläufig. Nicht jeder Mensch ist Kain. Und auch Kain
sollte und jeder Mensch kann sich solchem Tun verweigern. Und
doch: wer könnte sich von solchen Erfahrungen völlig ausschließen?

Gott versucht dann, so wird weiter erzählt, durch die Flut die
menschliche Bosheit und ihre Gewalt durch Gewalt zu überwin-
den. Das war offenkundig ein Versuch, die „*sehr gute*" Welt des
Anfangs (Gen 1,31) wieder zu gewinnen. Doch zu der gehörte mit
der Gewaltlosigkeit auch die Wehrlosigkeit gegen das Böse. Und
so ist selbst Gott mit diesem Versuch gescheitert. Nach der Flut
heißt es in Gen 8,21 (Gen 6,5 wieder aufnehmend): „Da sprach
Adonaj in seinem Herzen: Nicht noch einmal werde ich die Erde
um der Menschen willen erniedrigen, denn die Verwirklichungen
der menschlichen Herzen sind eben böse von Jugend an". Diese
Peripetie im Verhalten Gottes ist für das Gottes- und Menschenbild
der Bibel von höchster Relevanz. Da ist zunächst der Entschluss
zur Vernichtung in Gen 6,6: Gott bereut, die Menschen gemacht
zu haben. Die Reue Gottes ist ein Vorgang, der für das Gottesbild
der Bibel eine zentrale Bedeutung hat (vgl. Döhling 2009, S. 85ff.),
der aber in der christlichen Theologie bisher nicht aufgenommen

worden ist. Dass Gott sich ändert, widersprach allem, was man
Gott nannte. Doch geht es bei Gottes Reue um die wohl radikalste
Vorstellung der Treue Gottes. Hier in Gen 6 bereut Gott zunächst
die Schöpfung, jedenfalls die der Menschen. Diese Folge seines
Tuns trifft ihn selbst schmerzvoll mitten ins Herz, genau wie später
sein Gerichtshandeln gegen Israel („Umgewendet hat sich mein
Herz gegen mich selbst", Hos 11,8). Doch Gott muss einsehen, dass
die von ihm geschaffene Menschheit sich nicht ändert, dass das
Böse, das die Schöpfung in Frage gestellt hat, unverändert bleibt.
Und weil sich die Menschheit nicht ändert, ändert Gott sich noch
einmal. Gott bereut seine Reue. Es ist ein Wandel im schmerzen-
den Herzen Gottes (Gen 6,6; Gen 8,21). Und alles was folgt, die
Einsetzung des Rechts als Mittel gegen die Gewalt wie dann der
Beginn einer neuen Geschichte des Segens, alles folgt aus Gottes
Reue über die Reue Gottes. Nun beschreitet er andere Wege, um
mit der Bosheit fertig zu werden. Um solche Einsicht muss bei uns
immer noch gerungen werden: Gewalt mit Gewalt „auszurotten"
liegt bei jedem terroristischen Akt fast unausweichlich nahe.
Gottes Festlegung, seinerseits nicht wieder zu vernichten (Gen
8,22; vgl. Gen 9,15) ist gewissermaßen die Grundlage, auf der sich
der inhaltliche Neuanfang vollzieht. Da ist einmal die Gegenge-
schichte des Segens, die in Gen 9,1 mit der Wiederaufnahme des
Schöpfungssegens beginnt und die dann mit Abraham noch einmal
ganz neu einsetzt (Gen 12,1-3). Zuvor jedoch, und das gehört nun
direkt zu unserem Thema, gibt es in Gen 9,3-6 die menschliche
Verpflichtung im „Bund". Es geht um die ersten Lebensregeln, die
die Bibel kennt, und sie dienen der Zähmung der Gewalt, nicht
mehr ihrer Beseitigung, das ist unmöglich geworden. Zunächst
geht es um die Gewalt gegenüber den Tieren, und damit gegen die
Natur (Gen 9,3f.). Sie wird nun in Gestalt der Tötung von Tieren
zur Nahrung gestattet, aber an entscheidender Stelle begrenzt und
kontrolliert. Das Blut als Zeichen des Lebens bleibt unantastbar.

Dass es heute so mühsam und umstritten ist, menschliche Gewalt gegenüber der Natur rechtlich zu begrenzen, hat im christlichen Stolz auf die angebliche Aufhebung solcher Regeln eine ihrer Wurzeln. Die Gewalt von Menschen gegen Menschen wird jetzt zum ersten Mal ausdrücklich untersagt (Gen 9,5f.). Die entscheidende Formulierung lautet: „Wer Menschenblut vergießt, deren Blut soll durch Menschen vergossen werden. Denn als Bild Gottes sind die Menschen gemacht." Der Schutz des menschlichen Lebens wird damit den Menschen selbst anvertraut, auf diese Weise will Gott das Leben zurückfordern. Eben die Menschen, von denen die Gewalt ausgeht, eine Gewalt, die so oft aus dem für gut Gehaltenen erwächst, genau diese Menschen werden für die Sicherung menschlichen Lebens verantwortlich gemacht. Gegenüber dem, was die Menschen selbst als jeweils (für sie selbst) Gut und Böse erkennen und praktizieren, beginnt hier das biblische „Es ist dir gesagt, Mensch, was gut ist" (Mi 6,8)[6]. Die jüdische Exegese hat Gen 9,6 immer und mit vollem Recht im Sinne der Einsetzung von Recht und Gerichten verstanden[7]. Die abschließende Begründung hat offenkundig zwei Seiten: Zu schützen ist das Leben der Menschen vor den Menschen, weil sie Ebenbild Gottes und damit unantastbar sind. Und weil sie Ebenbild Gottes sind und bleiben, wird ihnen trotz ihres immer wieder in Gewalt umschlagenden Tuns das menschliche (wie das tierische) Leben anvertraut. Das hier eingesetzte menschliche Recht als das entscheidende Mittel gegen die universale Gewalt bleibt also auf Gewalt angewiesen. Die Aporie, die hier unübersehbar zu Tage tritt, besteht bekanntlich bis heute. Der spezifisch biblische Umgang damit zeigt sich, wenn

---

6   So die Luther-Übersetzung; das Hebräische hat ein maskulines Subjekt „*Er hat…*".

7   Die Rechtspflege steht an der Spitze der sieben noachidischen Gebote; dazu Müller (1994, S. 87ff.).

man der weiteren Linie göttlicher Rechtsbestimmungen in der Tora
folgt. Sie und damit das biblische Recht enthält Einschränkungen
der Gewalt auch und gerade im Recht.

2.2   „Nicht töten" – der Schutz des Lebens
im Dekalog

Die Gabe der Tora an das aus der Sklaverei befreite Volk Israel
beginnt mit dem Dekalog (Ex 20), in dessen Zentrum das Verbot
zu töten steht[8]. Der Sinn des Gebots muss zunächst vom Wortlaut
her entschieden werden. Ich halte die Wiedergabe mit „Du sollst
nicht töten" nach wie vor für die angemessenste. Damit ist einmal
ein Verständnis im Sinne von „du wirst nicht…" abgewiesen, mit
der in der Regel ein angemesseneres Verständnis im Sinne des
vorgängigen „Evangeliums" gemeint ist: Wer so Gott erfahren
hat, wird es nicht tun. Das enthält ein richtiges Moment. Doch
ist die Formulierung philologisch eindeutig. Es geht um einen
verneinten Imperativ im Sinne eines Dauerverbots. Dazu kommt,
dass inhaltlich das Moment des Anspruchs deutlich ist und nötig
bleibt. Auch im Gottesvolk oder in der Kirche ist das Gemeinte
nicht selbstverständlich. Vor allem in jüdischen Übersetzungen
(Mendelssohn 2001; Buber 1954; vgl. auch Dohmen 2004, S. 86,
122) trifft man sodann auf die Wiedergabe mit *„nicht morden"*.
Das verwendete Verb (*razach*) meint in der Tat nicht jedes Töten
überhaupt, von mehreren hebräischen Wörtern für „töten" ist es
keines der üblichen und häufigen. Es ist nur auf Menschen bezogen, kommt aber nie in Kriegszusammenhängen vor. Von den 47
Belegen stehen 33 in den Texten über Asylstädte (Num 35; Dtn 4;

---

8   Kessler (2017 S. 190f.) sieht den Dekalog auf der Schnittstelle von
Ethik und Recht.

19; Jos 20f.) und bezeichnen hier sowohl den, der unabsichtlich tötet („Körperverletzung mit Todesfolge bzw. Totschlag", Otto 2016, S. 1530; z. B. Dtn 19,3f.; Num 35,25) und deswegen Asyl beanspruchen kann, wie den, der es mit Absicht tut („Mord", z. B. Num 35,20f.). Das Verb ist also gerade nicht auf „morden" im (heutigen wie damaligen) juristischen Sinne einzugrenzen und meint am ehesten so etwas wie „umbringen", „das gewaltsame Töten von Menschen". Beim isolierten Verbot bleibt notwendig vieles offen.

Weiter hilft ein Blick auf die Struktur des Ganzen, wobei sich das Tötungsverbot als Zentrum des Dekalogs erweist (vgl. Crüsemann 2008). Dafür sei zunächst an die Schwierigkeiten erinnert, auf die man stößt, wenn man nach dem Sinn der Auswahl gerade dieser Gebote und ihrer Anordnung fragt. Sie beginnen mit Bezeichnung (Gebote versus Worte) und Zählung (es sind mindestens 11 Gebote), und werden in den christlichen Kirchen bekanntlich verschieden gelöst (vgl. hierzu den Überblick bei Dohmen 2004, S. 98f.). Ausgangspunkt für einen veränderten Blick kann der Befund im sachlich schwierigsten Stück sein, also bei der unerklärten Reihenfolge Eltern/Tötung/Ehebruch. „Eine befriedigende Erklärung für diese merkwürdige Anordnung hat bisher meines Wissens niemand gegeben" (Alt 1953, S. 332). Operiert man hier probeweise mit der Möglichkeit eines chiastischen Aufbaus, so dass die beiden den Bereich der Familie (Eltern/Ehe) und damit den engsten Lebensraums jedes Menschen betreffenden Gebote bewusst um das Tötungsverbot herum angeordnet sind, dann kommen sofort zwei weitere, chiastisch angeordnete Paare von Geboten in den Blick: Da sind die beiden auf den öffentlichen Umgang mit dem Wort bezogenen Gebote, der Missbrauch des Gottesnamens und das falsche Zeugnis vor Gericht. Beide sind eng aufeinander bezogen und ergänzen sich. Und dann gibt es jeweils ein Doppelgebot am Anfang und am Ende der Gebotsreihe. Dabei sind jeweils sprachlich und sachlich eng zusammenhängende Formulierungen zu einer gewichtigen Doppelung verbunden worden, die das Ganze einführen und abschließen. In beiden Fällen ist im Laufe der Rezeptionsgeschichte und unter dem Zwang, auf zehn Gebote zu kommen, partiell eine Trennung erfolgt.

Somit ergeben sich vier ringförmig um das Tötungsverbot angeordnete Paare von Geboten und damit insgesamt neun Gebote. Um auf die Zehnzahl zu kommen, kann dann – wie es in der Hauptlinie der jüdischen Tradition immer selbstverständlich war – die Selbstvorstellung Gottes mit dem Verweis auf die durch den Exodus begründete Beziehung als erstes der zehn Worte angesehen werden. Das entspricht der biblischen Bezeichnung „zehn Worte" (Ex 34,28; Dtn 4,13; Dtn 10,4). Im Ganzen geht es um die menschliche Entsprechung zur Befreiungstat Gottes, also um die Gestaltung der Gott verdankten Freiheit. Neun Worte sind in vier Ringen um das Zentrum des Tötungsverbots angeordnet – wie die Schalen einer Zwiebel. Das menschliche Leben und sein Schutz ist der Kern, alles andere ist ihm zugeordnet und darauf bezogen. Sie alle sind von der Möglichkeit her zusammengestellt, die Tötung von Menschen zu verhindern, und benennen Bedingungen, Gewalt zu verhindern oder doch zu minimieren, Gewalt, die zur Tötung führen kann und dann in der rechtlichen Reaktion wieder Gewalt unvermeidbar macht (Gen 9,6; Ex 21,12). Diese Sphären sprechen jeweils grundlegende gesellschaftliche Aspekte menschlichen Zusammenlebens an, die zu einem lebensförderlichen, gewaltfreien Miteinander notwendig sind: Familie – Eigentum und Arbeit – öffentliche Wahrheit in Kult und Recht. Dabei werden jeweils wichtige und aktuelle Momente der Gefährdung im damaligen Lebenszusammenhang im Gebot benannt. Stets geht es um neuralgische Punkte, deren Verletzung potentiell Leben gefährdet. Für den engsten Lebensbereich jedes Menschen, die Familie, ist das der Schutz der damals schwächsten Glieder, der Alten, und des tragenden Fundaments in der Beziehung zwischen

Mann und Frau. Für die durch Arbeit und Eigentum konstitu-
ierten politischen Beziehungen zwischen den Familien geht es
um die mögliche Bereicherung durch das, was den Nächsten
gehört, sowie durch Verletzung der gebotenen, Arbeit und Leben
gliedernden Zeitstruktur. Die Verantwortung der Einzelnen für
die öffentliche Wahrheit zeigt sich im Umgang mit dem Namen
des befreienden Gottes und seiner Pervertierbarkeit, und in der
Mitwirkung am Gerichtswesen mit seiner Macht über das Leben
anderer Menschen. Dabei tritt bei diesen Themen in der „ersten
Tafel" stärker der jeweilige Gottesbezug explizit und deutlich
hervor, während es bei der Entsprechung in der zweiten direkter
um die zwischenmenschlichen Aspekte geht. Die Erkenntnis, dass
die beiden rahmenden Doppelgebote einander entsprechen und
bei ihnen jeweils noch einmal das Ganze eines sicheren Lebens in
Freiheit auf dem Spiel steht, ist nicht neu (Durham 1987, S. 300).
Es geht um Gott als singuläre und bildlose Größe, also um das
Bleiben beim befreienden Gott und um die Verhinderung jeder
Gleichsetzung Gottes mit Elementen der Welt. Diesem Beginn
entspricht das alle rechtlichen Begrenzungen überschreitende
zehnte Wort, das man zu Recht oft als eine Zusammenfassung aller
anderen Gebote angesehen hat. Es zielt auf einen gerade auch das
Innere einbeziehenden Verzicht auf alle Versuche, die Nächsten um
ihre Lebensgrundlage zu bringen, um ein grundsätzliches Nicht-
tangieren der Lebenssphäre der anderen in feindlicher Absicht.
Der jeweils doppelt formulierte Bezug auf Gott und die Nächsten
entspricht – ins Positive gewendet – dem Doppelgebot der Liebe,
das ebenfalls unter einem bestimmten Aspekt eine Summe der
Tora formuliert.

Der Schutz des menschlichen Lebens vor allen möglichen Bedrohungen – das ist nach dem Dekalog die wichtigste Antwort auf
die Befreiungstat Gottes. Alle Aspekte christlicher Ethik, gerade

auch einer christlichen Rechtsethik bis hin zur Ethik im Krieg
werden dem zu entsprechen haben

2.3   Friedensstiftende Aspekte des biblischen Rechts

Ist das menschliche Recht trotz seiner Schwächen und Probleme
das entscheidende Mittel gegen menschliche Bosheit und Gewalt
(Gen 9), ein Mittel allerdings, das seinerseits nicht auf Gewalt verzichten kann, so tritt die Frage nach dem Umgang mit Gewalt im
Recht, vor allem aber nach Gewalt als Mittel des Rechts, ins Zentrum des Interesses. Daran ist die folgende Darstellung orientiert.
Zuvor aber müssen einige grundlegende Aspekte des biblischen
Rechts angesprochen werden[9]. Biblisches Recht ist Teil der *Tora*,
ein Begriff, der – ursprünglich die Weisung der Mutter an die
Kinder bezeichnend (Prov 6,20) – auf allen Verwendungsstufen
hilfreiche Instruktion mit Verhaltensnormierung verbindet und
damit zum zentralen Begriff für die am Sinai ergangene Weisung
Gottes geworden ist. Sie ergeht an das durch den Exodus befreite
Volk und greift zur Begründung immer wieder auf die Erinnerung
an die Befreiung zurück (für das Fremdenrecht beispielsweise Ex
23,9). Sie tritt durch freiwillige Verpflichtung (Bundesschluss) in
Kraft und wird zur Realisierung dem gesamten Volk übergeben.
Gottes Recht versteht sich somit als Freiheitsrecht. Anders als
Recht sonst von damals bis heute versteht sich die Tora als von
Gott gegeben. Zum Verständnis ist nicht davon abzusehen, dass

---

9   Zum Folgenden im Detail Crüsemann (2015a). Zum Verhältnis von
     Recht und Ethik Kessler (2017, S. 218f.). Das biblische Recht ist an
     Gerechtigkeit orientiert und auf Gerechtigkeit aus (bes. Dtn 16,20),
     diese wiederum ruht auf den beiden Säulen Segen und Befreiung (so
     Kessler 2017, S. 87).

der gesamte Entstehungsprozess bis auf den ältesten Teilkomplex (Ex 22f.) unter Fremdherrschaft stattfand. Der Bezug auf die Autorität Gottes bedeutet dann, der faktischen Macht eine andere, höhere entgegen zu halten. Biblisches Recht ist von diesem Ansatz her kein vom König oder Staat gesetztes Recht, wie das sonst vom *Kodex Hammurabi* angefangen nahezu universal gilt. Kritik am Staat und Begrenzung seiner Macht ist deshalb wie selbstverständlich integraler Bestandteil der Tora, man denke nur an das Königsgesetz Dtn 17,14ff. Solche staatskritische Haltung entspricht der breiten prophetischen Tradition (und ist historisch wohl hier verwurzelt). Theologisch hat das weitreichende Folgen für jeden Umgang mit der „Obrigkeit". Nun verbinden die Texte der Tora (historisch zuerst das Bundesbuch Ex 21-23) durchgehend drei sonst (etwa in der altorientalischen Umwelt) getrennte Inhalte: Die theologischen Kerngebote Israels (1. und 2. Gebot, religiöse Zeitstrukturen, Opferregeln etc.), eine Sammlung konkreter Rechtssätze in altorientalischer Tradition sowie Schutzgebote für die sozial Schwächsten (Zentrum: Fremde und Arme). Eigentliche, im Gericht anwendbare Rechtsregeln für Tötungs-, Körperverletzungs-, Eigentumsdelikte etc. werden damit genauso zu Gottesgeboten wie die religiösen Kerngebote. Weil sie aber naturgemäß auf die damaligen gesellschaftlichen Gegebenheiten bezogen sind und als Recht auch sein müssen (zum Beispiel Sklavenrecht), zwingen sie bei historischen Verschiebungen zu immer neuen Interpretationen. Ihre Kombination mit den grundsätzlichen Schutzregeln für die Schwächsten machen letztere – in gewisser Analogie zu modernen Menschen- bzw. Grundrechten – zu Rechtsprinzipien, die Auslegung und Anwendung normieren sollen und nicht nur zu „Ethos" in „Ausdifferenzierung" aus dem Recht. Damit ist eine im Recht selbst verankerte Grenze jeder fundamentalistischen Auslegung gegeben.

Blickt man nun auf das biblische Strafrecht als den Umgang mit verübter Gewalt, so zielen seine Bestimmungen zumeist auf Entschädigung und Wiedergutmachung (Beispiel: Ex 21,18f.; 21,27; 22,3) und damit auf Versöhnung der Rechtsgegner. Für Körperverletzungen wird eine Ausgleichszahlung gefordert, Ex 21,18: „Wenn Menschen gegeneinander handgreiflich werden und einer schlägt den anderen mit einem Stein oder der bloßen Faust, so dass die verletzte Person zwar nicht stirbt, aber bettlägerig wird", dann muss der Täter „für Unterhalt und Behandlung des oder der Geschädigten aufkommen". Die im gleichen Zusammenhang (Ex 21,24-25) auftretende sogenannte Talionsformel („Auge für Auge; Zahn für Zahn; Hand für Hand; Fuß für Fuß; Verbrennung für Verbrennung; Platzwunde für Platzwunde; Kratzer für Kratzer"), ist also bereits im literarischen Kontext wie im gesamten späteren Judentum als Hinweis auf die Angemessenheit solcher Entschädigung zu verstehen und nicht als wörtlich zu nehmendes Rechtsprinzip. Ein solcher Täter-Opfer-Ausgleich, der das biblische Strafrecht prägt, kommt allerdings bei Tötungsdelikten nicht in Frage, hier ist keine „Wiedergutmachung" möglich (bes. Num 35,31f.). Die Regeln für Strafen sind durchgängig auf Minimierung von Gewalt im Recht aus. Es gibt wie sonst in der Antike keine Freiheitsstrafen, aber im Gegensatz zum altorientalischen Strafrecht existieren auch keinerlei körperliche Verstümmelungsstrafen (Ausnahme Dtn 25,11f.). Den vielen Formulierungen von Todesstrafen stehen (im Christentum lange übersehene) Regeln entgegen, die nachweislich einen Vollzug der Todesstrafe schon im antiken Judentum praktisch verhindert haben: Da ist einmal die Zweizeugenregel (Dtn 17,6: „Aufgrund der Aussage von zwei oder drei Personen, die den Vorgang bezeugen, soll hingerichtet werden, wer sterben muss. Dies darf aber nicht aufgrund der Aussage einer einzelnen Person geschehen, die den Vorgang bezeugt"; vgl. Num 35,30). Da ist zum anderen die Differenzierung von „absichtlich"

und „unabsichtlich", was bei Tötungsdelikten – zeitlich vor der
griechischen Entsprechung – zur Unterscheidung von Mord und
Totschlag geführt hat (bei unabsichtlicher Tötung wird die Flucht
vor der Blutrache an einen Asylort ermöglicht, siehe Dtn 19; Num
35,11.15 u. a.). In der rabbinischen Auslegung muss der Nachweis
bewusster Absichtlichkeit der Tat dann durch eine Warnung des
Täters durch die notwendigen Zeugen unmittelbar vor der Tat
erbracht werden (Mischna Traktat Sanhedrin 5,1). Das Judentum
hat dadurch die Todesstrafe und damit die massivste Gewalt im
Recht schon in der Antike faktisch hinter sich gelassen.

2.4   Recht gegen Gewalt im Neuen Testament

Dass das Neue Testament die bisher aufgewiesene Linie voraussetzt und fortsetzt, wonach das Recht, und zwar das Recht der
Tora[10], das wichtigste Mittel gegen Bosheit und Gewalt darstellt,
nicht aber ein „Evangelium" bringt, das entscheidend über das
„Gesetz" hinausführt oder es gar überwindet, sei wenigstens an
zwei zentralen Texten aufgezeigt.

Bergpredigt. Immer noch wird für den Bereich von Mt 5,17-47
von „Antithesen" gesprochen und mit Hilfe der problematischen
Übersetzung „Ich aber sage euch" ein Gegensatz der Lehre Jesu zum
alttestamentlich-jüdischen Gesetz behauptet, was exegetisch seit
langem und eindeutig widerlegt ist (vgl. Vahrenhorst 2002; Wengst
2010). Schon der Auftakt in Mt 5,17ff. ist hier völlig eindeutig:
„Denkt nicht, ich sei gekommen, die Tora und die prophetischen
Schriften außer Kraft zu setzen! […] Wahrhaftig, ich sage euch:
Bevor Himmel und Erde vergehen, wird von der Tora nicht der

---

10 Die ersten eigenen „Ansätze kirchlicher Rechtsbildungen" im Ur-
    christentum sind an anderen Fragen orientiert (Roloff 1997).

kleinste Buchstabe und kein einziges Häkchen vergehen, bis alles getan wird." Damit wird die uneingeschränkte Geltung der Tora und ihres Rechts vorausgesetzt.

An der Spitze des Folgenden steht dann das Tötungsverbot und seine Auslegung durch Jesus:

> „Ihr habt gehört, dass Gott zu früheren Generationen sprach: Du sollst nicht töten. Wer aber tötet, wird vor Gericht als schuldig gelten. Ich lege euch das heute so aus: Die das Leben ihrer Geschwister im Zorn beschädigen, werden vor Gericht als schuldig gelten. Und die ihre Geschwister durch Herabwürdigung beschädigen, werden in der Ratsversammlung als schuldig gelten."

Das ist natürlich keine Antithese zum Tötungsverbot, sondern macht, um einen zeitgenössischen jüdischen Ausdruck zu benutzen, „einen Zaun um die Tora" (Mischna Traktat Abot 1,1), wozu im Vorfeld beim Zorn und bei der verbalen Herabsetzung angesetzt wird. Damit wird das fortgesetzt, was in der Struktur des Dekalogs angelegt ist, sich aber auch in einem Text wie Hi 31 findet, dass nämlich der durch das Recht geschützte Kern weit im Vorfeld gesichert wird. Aber bei allem, was im Alten wie im Neuen Testament über das rein Rechtliche hinausgeht, bleibt der notwendige rechtliche Kern uneingeschränkt bestehen.

Ähnliches gilt im Grundsatz für die durch Jesus anempfohlene Gewaltlosigkeit in Mt 5,39ff.: „Leistet dem Bösen nicht mit gleichen Mitteln Widerstand. Vielmehr, wenn dich jemand auf die rechte Backe schlägt, halte ihm auch die andere Backe hin [...]". Versteht man das im Auftakt von Mt 5,38 zitierte alttestamentliche Talionsrecht im Sinne seines alttestamentlichen Kontextes wie der Auslegung durch das zeitgenössische Judentum, also als Formulierung der Angemessenheit der rechtlich zustehenden Entschädigung, dann geht es um einen Rechtsverzicht bei kleinem erfahrenen Unrecht (nicht aber bei Mord und Vergewaltigung).

Das ist ein Beitrag zu einer friedlichen Zivilgesellschaft, wie er auch im Judentum formuliert und praktiziert wurde.

Paulus geht es im Römerbrief (vgl. dazu Crüsemann 2003; Wengst 2008) darum, dass Christus die Befreiung von der universalen Sünde bringt. Alles hängt deshalb daran, wie Sünde dabei verstanden wird. „Die zentralen Aussagen über die *hamartia* haben alle einen gemeinsamen Nenner: dass sie in Herrschaftsbeziehungen (nicht in Kategorien der Schuld und des Tuns) gedacht sind" (Schottroff 1979, S. 59). Die Sünde wird als Weltherrscherin oder als Dämon, die Existenz unter ihr als Sklaverei gezeichnet (Schottroff 1979, S. 61f.), und zwar stets mit engen Verbindungen „zur Realität des Lebens im Imperium Romanum" (Schottroff 1979, S. 63). Und diese universale Sünde manifestiert sich als Gewalt. Das zeigt besonders deutlich der „Psalm" in Röm 3,14-16: „Ihr Schlund – ein offenes Grab, ihre Zungen betrügen. Schlangengift unter ihren Lippen, voll Fluch und Unerbittlichkeit ihr Mund. Ihre Füße rennen eilig zum Blutvergießen, Zerstörung und Elend hinterlassen sie auf ihren Wegen." Aus dieser massiven Gewalt, in der die Tora unwirksam geworden ist und nicht getan werden kann, befreit das Evangelium vom Messias als dem Kyrios. Der Glaube ermöglicht in der Gemeinde den Anfang eines Lebens in der so gewonnenen Freiheit. Doch alles, was über diesen Neuanfang Gottes gesagt werden kann und muss, zielt darauf, dass die Tora, deren Geltung stets unbestritten war, wieder wirken kann (Röm 3,31). Und alles, was wir etwa im 1. Korintherbrief über das erfahren, was in diesem messianischen Glauben gilt, bestätigt die Geltung der Tora und ihres Rechts (dazu besonders Schottroff 2013).

3   Krieg, Recht, Frieden

Im Zentrum des Folgenden stehen die wenigen Rechtstexte, die direkt dem Verhalten im Krieg gelten. Voran stelle ich einen kurzen Blick auf zwei Beispiele aus der Fülle der alttestamentlichen Kriegserzählungen, ausgewählt weil sie ethisch-rechtliche Folgerungen nahelegen. Den Schluss bildet der bekannte Text, der die so vielgestaltige Hoffnung auf weltweiten Frieden an eine Rechtsbelehrung knüpft.

3.1   Gottes Gerechtigkeit im Krieg – zwei Erzählungen als Beispiel

Gott als Retter vor einer militärischen Übermacht steht im Zentrum der Exodusüberlieferung wie anderer früher Traditionen Israels. Dass Gott Gerechtigkeit herstellt, gerade auch gegen überlegene Feinde, ist eine der Wurzeln des biblischen Glaubens[11]. Entsprechende Erfahrungen prägen zahlreiche weitere Kriegserzählungen. Explizit ist dabei von Recht kaum die Rede. Aber sie zeigen, wie Gerechtigkeit unter Bedingungen harter militärischer Konflikte und absolut überlegener Feinde er- und gelebt werden kann. Dafür seien zwei Exempel genannt.

Genesis 14: Das Thema der Urgeschichte, der Umgang mit menschlicher Gewalt, setzt sich in der ersten Kriegserzählung der Bibel fort. Die Gestalten, von denen hier erzählt wird, sind absolut sagenhaft und entziehen sich jeder historischen Zuordnung (Kö-

---

11   Vgl. dazu Albertz (1992, S. 70ff., 122ff.); Jeremias (2015, S. 91). Eine Geschichte der biblischen Auseinandersetzungen mit dem Krieg müsste m. E. hier ansetzen. Mit einem etwas anderen Ansatz unternimmt einen solchen Versuch Otto (1999).

ckert 2017, S. 84ff.). Die Konstellation freilich, die geschildert wird –, mächtige Könige des Zweistromlandes ziehen gegen kanaanäische Kleinkönige zu Felde, als diese sich gegen ihre Fremdherrschaft erheben – ist eine, die Israel ab dem Aufkommen der Assyrer Jahrhunderte lang immer wieder erfahren hat. Entscheidende Züge der biblischen Theologie sind in Auseinandersetzung mit diesen Vorgängen entwickelt worden. Gen 14 verbindet nun solche geradezu archetypischen Erfahrungen schon mit Abraham und damit den ersten Anfängen der Volksgeschichte. Und die Erzählung will auf ein friedliches Miteinander der durch die Großmächte bedrängten Ethnien und Städte in Palästina hinaus. Denn Abraham rettet mit seiner kleinen Macht und Gottes Hilfe Lot und das geraubte Eigentum der Kanaanäer und bringt es zurück. Auf dieser Grundlage kommt es zur Begegnung mit dem König von (Jeru-)Salem, und Abraham (und seine Nachkommen mit ihm) werden gesegnet (Gen 14,18-20). Sogar eine Zehntenzahlung, also politische Abhängigkeit, als Folge wird da positiv gesehen. Der erste Krieg, von dem die Bibel erzählt[12], erzwingt und eröffnet also die Möglichkeit einer friedlichen *Konvivenz* mit den Nachbarn im Land[13].

2Kön 6: Dafür, dass die meisten Kriegsgeschichten eigentlich Friedensgeschichten sind und auf ein entsprechendes Verhalten hinaus wollen, ist 2Kön 6,8-23 ein eindrucksvolles Beispiel. Die Aramäer, mit denen Israel in langjährige blutige Kriege verwickelt war, belagern die Stadt Dothan (Vers 13f.). Der Prophet Elischa sagt zu seinem verängstigten Diener: „Fürchte dich nicht! Denn die, die bei uns sind, sind zahlreicher als die, die bei ihnen sind!" Er bittet Gott, ihm die Augen zu öffnen „und nun sah er: Ein

---

12 Gen 14 prägt als absoluter Fremdkörper in der Genesis und einer der spätesten Texte durch seine Stellung die Gesamtkomposition entscheidend mit.

13 Zu dieser auch sonst die Genesis beherrschenden Intention vgl. Leibold (2014).

Berg voller Pferde und Wagen aus Feuer um Elischa herum!"
Plötzlich also wird die Belagerung der Belagerer durch ein sonst
unsichtbares Heer sichtbar. Sichtbar wird damit das, was mit
dem Begriff „Herr Zebaot", „Herr der Heerscharen" gemeint ist:
Gott steht ein unsichtbares himmlisches Heer zu Verfügung, das
allen Feinden überlegen ist. In der Erzählung führt dann Elischa
das blind gewordene feindliche Heer mitten in die Hauptstadt
Samaria, wo der König sie töten will. Doch Elischa: „Versorge
sie lieber mit Nahrung und Wasser, damit sie essen und trinken.
Dann sollen sie zu ihrem Herrn zurückkehren!" So geschah es.
„Seither kamen keine Raubzüge mehr aus Aram ins Land Israel."
Dass die Rettung durch Gottes Macht als Ziel die Versöhnung mit
den Feinden hat, steht bei vielen entsprechenden Traditionen im
Hintergrund und wird hier besonders eindrucksvoll und explizit
dargestellt. Allerdings muss man für den theologischen Ertrag
die Fortsetzung hinzunehmen, in der von einer Belagerung erzählt wird, die zu einer entsetzlichen Hungersnot führt. Einer
erzählten Welt, in der „Gott selbst jegliche Gewalt und ihre Folgen
verhindert", steht eine andere gegenüber mit „Hunger, Leid, Tod
und [...] Gotteszweifel". Im zweiten Fall haben die Menschen „nur
Gottes Wort [...], aber keine Einsichten in Gottes Wirken". Mit
diesem spannungsvollen Nebeneinander „wird für die Hoffnung
geworben, das der im Elend nicht greifbare Gott doch wirkt. Das
Ideal soll auch für eine schreckliche Welt hoffend machen und
nicht zur Illusion verkommen" (vgl. Baumgart 2004, S. 74f.). Das
ist ein kleines Beispiel dafür, wie sehr die Theodizeefrage immer
mit im Spiel ist, und dass auch die die Bibel tragenden positiven
Erfahrungen nicht auf Verdrängung der negativen beruhen.

3.2   Recht im Krieg (Dtn 20 und andere)

Die wenigen Ansätze eines internationalen Völkerrechts im Alten
Orient und in alttestamentlicher Zeit (vgl. Otto 2006) beziehen
sich (jedenfalls was Israel angeht) nicht auf Fragen von Krieg
und Frieden (sondern zum Beispiel den Schutz von Gesandten).
Wohl aber finden sich im Deuteronomium, also im Kontext von
verfassungsähnlichen Regeln zu allen damaligen Institutionen
(Königtum, Gerichte, Priestertum usw.), auch Rechtssätze zum
Verhalten im Kriegsfall (bes. Dtn 20). Sie regeln das, was man im
eigenen Recht ohne internationale Übereinkommen regeln kann[14].
    Es sind vor allem drei Themen, die hier geregelt werden. Einmal
geht es um die Grenzen der Verpflichtung zum Kriegsdienst (Dtn
20,2-8), dann um den Umgang mit feindlichen Städten und ihrer
Bevölkerung (Dtn 20,10-14) sowie schließlich den mit den Bäumen,
also der Lebensgrundlage der Feinde (Dtn 20,19f.)[15]. Diese Gesetze

---

14 Weitere Kriegsgesetze in Dtn 21,10-14 (Umgang mit weiblichen Kriegs-
    gefangenen); 23,9-15 (Reinheit des Kriegslagers); 24,5 (Freistellung
    Jungverheirateter).

15 Dazu kommt Dtn 20,15-18, eine nachträgliche Ergänzung der Kriegs-
    gesetze zum Ausgleich mit dem Banngebot, das (nach Dtn 7; vgl. Josua
    u. a.) bei der Landnahme für die kanaanäische Vorbevölkerung gelten
    soll und ihre völlige Liquidierung beinhaltet. Diese inhumansten
    Texte des Alten Testamentes sind eine Rückprojektion und damit
    Stillstellung von (rein innerisraelitischen) Religionskonflikten, die
    es im 9. Jh. (aber nur da) gab (z.B. 2Kön 9f.). Die hier in Dtn 20,17
    genannten Völker (insgesamt sind es sieben, vgl. Dtn 7,1) gibt es
    nachweislich zur Zeit der Textentstehung im 1. Jahrtausend v. Chr.
    nicht mehr. Und die Erzählung über die Landnahme in Jos und Ri
    geht davon aus, dass diese Gebote nur ganz partiell befolgt wurden,
    man also mit entsprechend Andersgläubigen weiter zusammenleben
    musste. Dazu enthält das Deuteronomium detaillierte Rechtsregeln.

(vgl. Rofé 2002 und besonders Otto 2016, S. 1551f.) gehen von der Realität des Krieges aus und versuchen, Gewalt und Unrecht zu begrenzen. Dabei entwickeln sie deutlich ein Gegenmodell zur grausamen und bitter erfahrenen Kriegspraktik der Assyrer. Da geht es zunächst um Freistellung vom Kriegsdienst (Dtn 20,5-8), um eine Ehe zu vollziehen (dazu auch Dtn 24,5), ein Haus oder einen Weinberg in Besitz zu nehmen. Dahinter steht eine Abwehr von möglichem Fluch (vgl. Dtn 28,30), was kein Widerspruch zu rationalen Gründen etwa zum Erhalt der Familie sein muss (vgl. Zwickel und Lichtenberger 2009, S. 627). Erst recht gilt das für die Freistellung von allen, die sich fürchten. Dahinter steht natürlich der grundsätzliche Schutz Gottes (Dtn 20,3f.). Rechnet man hier nicht mit purer Ideologie, dann zeigt sich an der Furcht der Grad der Bedrohung, der zur Einberufung des Heeres führt. Am Ende steht das Verbot, bei Kriegszügen und Belagerungen die Nutzbäume zu zerstören (Dtn 20,19f.; vgl. Dtn 22,19f.). Untersagt wird damit, die zukünftigen Lebensgrundlagen zu vernichten und massive ökologische Schäden anzurichten. Die verbotene Praxis ist bei den Assyrern vielfach und regelmäßig belegt. Das Gesetz wirkt bis in die Anfänge neuzeitlichen Völkerrechts bei Hugo Grotius (vgl. Otto 2016, S. 1608) und hat angesichts heutiger Waffentechnik eine hohe Aktualität.

Der entscheidende Mittelteil setzt ein mit der Vorschrift, vor der Belagerung einer Stadt über eine friedliche Übergabe zu verhandeln (Dtn 20,10). „Damit wird die Kriegsführung rechtlichen Regelungen unterworfen, was eine rechtshistorische Neuerung in Form eines Kriegsrechts ist" (Otto 2016, S. 1588). Es folgen Regeln zum Umgang mit der feindlichen Bevölkerung. Wird die Stadt übergeben (Dtn 20,11), wird die Bevölkerung lediglich zur Fronarbeit verpflichtet (nicht versklavt), was auch (mindestens zeitweise) für die Israeliten selbst gilt (1Kön 4,6; 5,27f.). Wird sie durch Belagerung eingenommen (Dtn 20,12-14), sollen die Männer

getötet (bei den Assyrern meist nur die Oberschicht), Frauen und
Kinder als Beute genommen werden. Zur Begrenzung der Gewalt
gegen weibliche Kriegsgefangene sei etwa auf Dtn 21,10-14 hingewiesen. Für heutiges Empfinden ist die Regel, alle Männer zu töten,
besonders inakzeptabel. Dazu zwei Überlegungen: Einmal geht es
bei diesem ersten Versuch eines Kriegsrechts um Vermeidung der
üblichen Kriegsgräuel. Man denke an die Selbstverständlichkeit,
mit der von Vergewaltigungen geredet wird (Ri 5,30), an das Auf-
schlitzen von Schwangeren (Am 1,13), das Schinden von Menschen
(Am 1,3), der Versklavung ganzer Bevölkerungen (Am 1,9) bis zur
Störung der Totenruhe (Am 2,1). Noch ein Amos konnte dem nur
die Hoffnung auf Gottes Eingreifen entgegensetzen. Bei den Assyrern sind entsprechende Grausamkeiten wie Häutung, Pfählung,
Enthauptung, Blendung, Abtrennung von Körperteilen für die
Behandlung von Kriegsgefangenen vielfach belegt (Gaß 2013).
Wie das alttestamentliche Recht keine Verstümmelungen kennt,
so wird hier dem verbreiteten quälenden Tod widersprochen. Zum
anderen geht es um den ersten Versuch einer Unterscheidung von
Kombattanten und ziviler Bevölkerung. Wie das in der Realität
praktiziert werden kann und soll, ist aber bis heute umstritten und
wird gegenwärtig durch neuere Kriegsführungen wie reine Luftan-
griffe, Einsatz von Drohnen immer neu massiv in Frage gestellt.

3.3   Die Verheißung weltweiten Friedens durch Recht und seine Folgen für die Gegenwart

Der wichtigste Schlüssel zum biblischen Zusammenhang von Frieden und Recht liegt in einigen Verheißungen weltweiten Friedens
durch Recht. Von den vielen Verheißungen zukünftiger Gerechtigkeit und weltweiten Friedens sprechen nur wenige von der Rolle
des Rechts dabei. Dazu gehört das Wirken des Gottesknechts nach

Jes 42,1-4, der Recht zu den Völkern hinausbringt. Besonderes Gewicht aber haben die beiden parallelen Texte Jes 2,1-5 und Micha 4,1-5, mit ihrem zentralen Bild „Schwerter zu Pflugscharen", da hier der Zusammenhang der Zukunftsverheißung mit schon gegenwärtigem rechtlichen Verhalten bedacht wird[16]. Angekündigt wird eine erwartbare Zukunftsvision (es geht nicht um die „letzten Tage"), in der eine universale Rechtsbelehrung erfolgen und Gott zwischen den Völkern Recht sprechen wird. Die Folge ist, dass – wie innerhalb eines funktionierenden Rechtssystems – auf das Tragen von und das Ausbilden an Waffen und damit auf den Krieg verzichtet wird. Und die Michaversion verbindet den militärischen Frieden mit dem sozialen (Jes 2,4). In beiden Fassungen folgt auf die Zukunftsvision eine Folgerung in Gestalt einer Selbstverpflichtung des Gottesvolks. Es geht jeweils mit dem Verb „gehen/wandeln" um die Praxis der Gegenwart. Die Verheißung hat also direkte Folgen: im Licht respektive im Namen des Gottes, dessen weltweiten Frieden durch Recht man erhofft, kann man heute schon leben. Viel liegt deshalb auf der richtigen Bestimmung von „schon" und „noch nicht".

Dass die Vorausnahme des Erwarteten bereits die Gegenwart bestimmen kann und soll, ist das Grundmuster des christlichen Glaubens und die ethische Kernproblematik des gerechten Friedens. Seine Ambivalenz zeigt sich nicht zuletzt darin, dass es Analogien dazu bei vielen Utopien gibt, besonders deutlich treten sie stets im Negativen hervor – vom Stalinismus bis zum IS. Alles kommt deshalb auf die Art dieses Rechts und seine Inhalte an. Dass es die Tora und mit ihr das alttestamentliche Recht ist, an die der messianische Glaube des Christentums sich gebunden sieht, bestimmt das Neue Testament durchgängig.

---

16 Vgl. Details zum Folgenden Crüsemann (1999); Kessler (1999), zuletzt bes. Maier (2016, S. 97ff.).

Frieden durch Recht, die große Zukunftsvision von Jes 2/Mi4, die die einschlägige Ethik der Alten Kirche so stark mitgeformt hat (vgl. Lohfink 1986; Wilken 1993), setzt ein bestimmtes, eben das biblische Recht voraus. Von diesem sollte im Vorangehenden die Rede sein. Einige dabei zu beobachtende Grundmuster – das entscheidende Mittel gegen menschliche Gewalt ist nicht Gegengewalt, sondern Recht, ein Recht, das den Schutz menschlichen Lebens zum Ausgangspunkt und Zentrum des gesamten Rechts macht, und daraus auch die Maßstäbe für ein Recht im Krieg zu entwickeln beginnt – bleiben auch für heutiges Nachdenken über Friede durch Recht grundlegend und herausfordernd.

Literatur

Albertz, Rainer. 1992. *Religionsgeschichte Israels in alttestamentlicher Zeit. Teil 1: Von den Anfängen bis zum Ende der Königszeit.* Göttingen: Vandenhoeck & Ruprecht.

Albertz, Rainer. 2015. *Exodus II: Ex 19-40.* Zürich: Theologischer Verlag.

Alt, Albrecht. 1953. Das Verbot des Diebstahls im Dekalog. In *Kleine Schriften zur Geschichte des Volkes Israel.* Bd. I, hrsg. von Albrecht Alt, 333-340. München: Beck.

Baumann, Gerlinde. 2013. Gewalt im Alten Testament. Grundlinien der Forschung – hermeneutische Überlegungen. In *Macht – Gewalt – Krieg im Alten Testament. Gesellschaftliche Problematik und das Problem ihrer Repräsentation,* hrsg. von Irmtraud Fischer, 29-52. Freiburg: Herder.

Baumgart, Norbert Clemens. 2004. Gottes Gegenwart im Krieg. Zum Zusammenhang zwischen den Erzählungen 2 Kön 6,8-23 und 6,24-7,20. In *Das Manna fällt auch heute noch. Beiträge zur Geschichte und Theologie des Alten, Ersten Testamentes,* hrsg. von Frank-Lothar Hossfeld und Ludger Schwienhorst-Schönberger, 57-76. Freiburg: Herder.

Bibel in gerechter Sprache. 2011, hrsg. von Ulrike Bail und Frank Crüsemann. Taschenausgabe. 4. Aufl. Gütersloh: Gütersloher Verlagshaus.

Buber, Martin und Franz Rosenzweig. 1954. *Die Fünf Bücher der Weisung.* Köln: Jakob Hegner.

Crüsemann, Frank. 1999. Frieden lernen. Eine Auslegung von Micha 4,1-7. In *Hören und Lernen in der Schule des Namens. Mit der Tradition zum Aufbruch*, hrsg. von Jochen Denker, Jonas Marquardt und Borgi Winkler-Rohlfing, 13-22. Neukirchen-Vluyn: Neukirchener.

Crüsemann, Frank. 2003. Gott glaubt an uns – Glaube und Tora in Römer 3. In *Maßstab: Tora, Israels Weisung für christliche Ethik*, hrsg. von Frank Crüsemann, 67-85. Gütersloh: Chr. Kaiser.

Crüsemann, Frank. 2006. Gewaltimagination als Teil der Ursprungs-geschichte. Banngebot und Rechtsordnung im Deuteronomium. In *Religion, Politik und Gewalt*, hrsg. von Friedrich Schweitzer, 343-360. Gütersloh: Gütersloher Verlagshaus.

Crüsemann, Frank. 2008. Struktur und Systematik des Dekalogs. Eine These. In *Berührungspunkte. Studien zur Sozial- und Religionsgeschichte Israels und seiner Umwelt*, hrsg. von Ingo Kottsieper, Rüdiger Schmitt und Jakob Wöhrle, 119-131. Münster: Ugarit.

Crüsemann, Frank. 2010. Was ist und wonach fragt die erste Frage der Bibel? Oder: das Thema Scham als „Schlüssel zur Paradiesgeschichte". In *Fragen wider die Antworten*, hrsg. von Kerstin Schiffner, Steffen Leibold, Magdalene L. Frettlöh, Jan-Dirk Döhling und Ulrike Bail, 63-79. Gütersloh: Gütersloher Verlagshaus.

Crüsemann, Frank. 2015a. *Die Tora. Theologie und Sozialgeschichte des alttestamentlichen Gesetzes.* 4. Aufl. Gütersloh: Gütersloher Verlagshaus.

Crüsemann, Frank. 2015b. *Das Alte Testament als Wahrheitsraum des Neuen. Die neue Sicht der christlichen Bibel.* 2. Aufl. Gütersloh: Gütersloher Verlagshaus.

Döhling, Jan-Dirk. 2009. *Der bewegliche Gott. Eine Untersuchung des Motivs der Reue Gottes in der hebräischen Bibel.* Freiburg: Herder.

Dohmen, Christoph. 2004. *Exodus 19-40.* Freiburg: Herder.

Durham, John I. 1987. *Exodus.* Waco, Texas: Word Books.

Ebach, Ruth. 2014. *Das Fremde und das Eigene. Die Fremdendarstellungen des Deuteronomiums im Kontext israelitischer Identitätskonstruktionen.* Berlin: Walter de Gruyter.

EKD. 2007. *Aus Gottes Frieden leben – für gerechten Frieden sorgen. Eine Denkschrift des Rates der Evangelischen Kirche in Deutschland.* 2. Aufl. Gütersloh: Gütersloher Verlagshaus.

Gaß, Erasmus. 2013. Gewalt gegen Feinde im Landnahmekontext am
    Beispiel der Adonibezeq-Episode. In *Macht – Gewalt – Krieg im Alten
    Testament. Gesellschaftliche Problematik und das Problem ihrer Re-
    präsentation,* hrsg. von Irmtraud Fischer, 107-170. Freiburg: Herder.
Goethe, Johann Wolfgang v. 1981. *Faust,* Hamburger Ausgabe Bd. 3. 11.
    Aufl. München: C. H. Beck.
Jeremias, Jörg. 2015. *Theologie des Alten Testaments.* Göttingen: Van-
    denhoeck & Ruprecht.
Kessler, Rainer. 1999. *Micha.* Stuttgart: Kohlhammer.
Kessler, Rainer. 2017. *Der Weg zum Leben. Ethik des Alten Testaments.*
    Gütersloh: Gütersloher Verlagshaus
Köckert, Matthias. 2017. *Abraham. Ahnvater – Vorbild – Kultstifter.*
    Leipzig: Evangelische Verlagsanstalt.
Leibold, Steffen. 2014. *Raum für Konvivenz. Die Genesis als nachexilische
    Erinnerungsfigur.* Freiburg: Herder.
Lohfink, Gerhard. 1986. „Schwerter zu Pflugscharen". Die Rezeption von
    Jes 2,1-5 par Mi 4,1-5 in der Alten Kirche und im Neuen Testament.
    Theologische Quartalsschrift 166 (3): 184-209.
Maier, Michael P. 2016. *Völkerwallfahrt im Jesajabuch.* Berlin: Walter
    de Gruyter.
Mendelssohn, Moses. 2001. *Die Tora,* hrsg. von Annette Böckler. Berlin:
    Jüdische Verlagsanstalt.
Müller, Klaus, 1994. *Tora für die Völker. Die noachidischen Gebote und
    Ansätze zu ihrer Rezeption im Christentum.* Berlin: Institut Kirche
    und Judentum.
Otto, Eckart. 1999. *Krieg und Frieden in der Hebräischen Bibel und
    im Alten Orient. Aspekte für eine Friedensordnung in der Moderne.*
    Stuttgart: Kohlhammer.
Otto, Eckart. 2006. Völkerrecht in der Hebräischen Bibel und seine alt-
    orientalischen Wurzeln. *Zeitschrift für Altorientalische und Biblische
    Rechtsgeschichte* 12: 29-51.
Otto, Eckart. 2012. *Deuteronomium 4,44 – 11,32,* Stuttgart: Kohlhammer.
Otto, Eckart. 2016. *Deuteronomium 12,1 – 23,15.* Stuttgart: Kohlhammer.
Rendtorff, Rolf. 1999. *Theologie des Alten Testaments. Ein kanonischer
    Entwurf. Bd.1.* Neukirchen-Vluyn: Neukirchener.
Rendtorff, Rolf. 2001. *Theologie des Alten Testaments. Ein kanonischer Ent-
    wurf. Bd. 2: Thematische Entfaltung.* Neukirchen-Vluyn: Neukirchener.

Rofé, Alexander. 2002. The Laws of Warfare in the Book of Deuteronomy: Their Origins, Intent and Positivity. In *Deuteronomy. Issues and Interpretation*, hrsg. von Alexander Rofé. 149-167. London: T & T Clark.

Roloff, Jürgen. 1997. Ansätze kirchlicher Rechtsbildungen im Neuen Testament. In *Das Recht der Kirche, Bd I: Zur Theorie des Kirchenrechts*, hrsg. von Gerhard Rau, Hans-Richard Reuter und Klaus Schlaich, 337-389. Gütersloh: Chr. Kaiser.

Schottroff, Luise. 1979. Die Schreckensherrschaft der Sünde und die Befreiung durch Christus nach dem Römerbrief des Paulus. *Evangelische Theologie* 39 (6): 497-510.

Schottroff, Luise. 1990. *Befreiungserfahrungen. Studien zur Sozialgeschichte des Neuen Testaments*. München: Chr. Kaiser.

Schottroff, Luise. 2013. *Der erste Brief an die Gemeinde in Korinth*. Stuttgart: Kohlhammer.

Schottroff, Willy, 1971. Art. *jd* erkennen. In *Theologisches Handwörterbuch zum Alten Testament*. Bd. I. Sp. 682-701. München: Chr. Kaiser / Zürich: Theologischer Verlag.

Schüle, Andreas. 2006. *Der Prolog der hebräischen Bibel. Der literar- und theologiegeschichtliche Diskurs der Urgeschichte (Genesis 1-11)*. Zürich: Theologischer Verlag.

Schwienhorst-Schönberger, Ludger. 2013. Recht und Gewalt im Alten Testament. In *Macht – Gewalt – Krieg im Alten Testament. Gesellschaftliche Problematik und das Problem ihrer Repräsentation*, hrsg. von Irmtraud Fischer. Freiburg: Herder.

Vahrenhorst, Martin. 2002. *„Ihr sollt überhaupt nicht schwören". Matthäus im halachischen Diskurs*. Neukirchen-Vluyn: Neukirchener.

Wengst, Klaus. 1986. *Pax Romana. Anspruch und Wirklichkeit*. München: Chr. Kaiser.

Wengst, Klaus. 2008. *„Freut euch, ihr Völker, mit Gottes Volk!" Israel und die Völker als Thema des Paulus – ein Gang durch den Römerbrief*. Stuttgart: Kohlhammer.

Wengst, Klaus. 2010. *Das Regierungsprogramm des Himmelreichs. Eine Auslegung der Bergpredigt in ihrem jüdischen Kontext*. Stuttgart: Kohlhammer.

Wengst, Klaus. 2014. *Christsein mit Tora und Evangelium. Beiträge zum Umbau christlicher Theologie im Angesicht Israels*. Stuttgart: Kohlhammer.

Wilken, Robert L. 1993. In novissimus diebus: Biblical Promises, Jewish Hopes and Early Christian Exegesis. *Journal of Early Christian Studies* 1 (1): 1-19.

Zwickel, Wolfgang und Achim Lichtenberger. 2009. Art. Waffen / Befestigung. In *Sozialgeschichtliches Wörterbuch zur Bibel*, hrsg. von Frank Crüsemann, Kristian Hungar, Claudia Janssen, Rainer Kessler und Luise Schottroff, 626-633. Gütersloh: Gütersloher Verlagshaus.

Das weltliche Recht und seine Bedeutung für den Frieden in den reformatorischen Theologien

Friedrich Lohmann

1   Einleitung

Die EKD-Friedensdenkschrift von 2007, „Aus Gottes Frieden
leben – für gerechten Frieden sorgen", schreibt dem inner- und
zwischenstaatlichen Recht eine hohe friedensethische Relevanz zu.
Ein ganzes Kapitel ist der Ausarbeitung der These „Gerechter Friede
durch Recht" gewidmet (EKD 2007, Ziff. 85-123). Es gehe darum,
„die Gewalt der Herrschaft des Rechts zu unterwerfen" (EKD 2007,
Vorwort); ein in Grenzsituationen unter Umständen notwendiger
Gewaltgebrauch ist nur legitim als „rechtserhaltende Gewalt" (EKD
2007, Ziff. 98-123). Dieser „strenge Legalismus" (Daase 2016, S. 34)
ist im gegenwärtigen deutschsprachigen Protestantismus auch
kritisiert worden. Zum einen wird dabei im Sinne einer man-
gelnden Unterscheidung zwischen Ethik und Recht der Vorwurf
des Rechtspositivismus zur Geltung gebracht. Zum anderen wird
innerprotestantisch kritisch auf die Problematik eines primär
institutionalistischen Ansatzes in der Friedensethik hingewiesen.
Nicht nur angesichts solcher aktuellen Debatten scheint es für die
Friedensethik interessant, den Blick zurück auf die reformatorischen

© Springer Fachmedien Wiesbaden GmbH, ein Teil von Springer Nature 2018
S. Jäger und A. von Scheliha (Hrsg.), *Recht in der Bibel und in kirchlichen
Traditionen*, Gerechter Frieden, https://doi.org/10.1007/978-3-658-20937-7_3

Theologien als Inspirationsquelle der inzwischen 500-jährigen
Geschichte des Protestantismus zu wenden. Die Auswirkungen
der Reformation auf unser heutiges Leben und Denken reichen
über die Welt des institutionalisierten Protestantismus weit hinaus und bestimmen die gesamte neuzeitliche Gesellschaft. Nicht
zuletzt im Blick auf das Recht – im gelebten Recht wie in seiner
rechtswissenschaftlichen Reflexion – hat die Reformation schlech-
terdings revolutionäre Effekte ausgelöst, insbesondere durch eine
Entsakralisierung (Schmoeckel 2014). Wenn dieser Rückblick aus
friedensethischer Sicht erfolgen soll, dann ist klar, dass er weder bloß
historisierend noch normativ-repristinierend gemeint sein kann.
Es geht darum, Kontinuitäten in der Analyse und Bewertung des
Menschseins und des politisch-rechtlichen Zusammenlebens zu
finden, die auch heute, diesseits des historischen Grabens, plausibel
erscheinen und daher befruchtend in den friedensethischen Diskurs
eingebracht werden können. Zumal für eine Ethik, die sich dezidiert als protestantische versteht, erscheint die Suche nach solchen
Kontinuitäten als Vergewisserung der eigenen Identität hilfreich.
Dieser Rückblick muss von vornherein die interne Pluralität des
Protestantismus berücksichtigen. Ich werde daher im Folgenden
zunächst Martin Luther und Philipp Melanchthon, als maßgebliche Theologen des Luthertums, sodann Johannes Calvin und den
reformierten Protestantismus und schließlich die täuferischen und
spiritualistischen Bewegungen der Reformationszeit behandeln.

2   Martin Luther

» *Luther hat eine hohe Meinung vom staatlichen beziehungsweise
weltlichen Recht.*

„Nun siehst du, was für Nutzen ein frommer Rechtskundiger oder
Jurist tun kann. Ja, wer wills oder kanns alles aufzählen? Denn was

Gottes Werk und Ordnung ist, das schafft immerdar so viele und
große Früchte, daß sie nicht aufzuzählen noch zu begreifen sind.
Erstens erhält er und hilft mit seinem Rechtsbuch (durch göttliche
Ordnung) das ganze weltliche Regiment fördern, Kaiser, Fürsten,
Herren, Städte, Land und Leute [...]. Denn solche alle müssen durch
Weisheit und Recht erhalten werden; wer will aber dies Werk allein
genug preisen? Daraus hast du dann Schutz und Schirm deines
Leibes und Lebens [...], danach Schutz und Frieden deines Weibs,
Tochter, Sohns, Hauses, Hofs, Gesindes, Geldes, Guts, Ackers und
was du hast, denn das ist alles ins Recht einbegriffen, mit einer
Mauer umgeben und wohl gehegt. Wie groß das alles sei, könnte
man mit Büchern nimmermehr zu Ende beschreiben; denn wer
will aussprechen, was der liebe Frieden für ein unaussprechlich
Gut ist, wieviel er ein Jahr allein sowohl gibt wie erspart?" (Luther
1967e [1530], S. 248).

In diesem Zitat sind Luthers grundsätzlich positive Sicht auf die
Institution des Rechts und die Begründung dieser positiven Wertung gut zusammengefasst. Der Leitbegriff ist „Ordnung": Indem
das Recht das Leben auf Erden ordnet, handelt es – im Sinne der
Zwei-Regimenten-Lehre muss man sagen, stellvertretend, als
uneigentliches Werk (*opus alienum*) – im Auftrag Gottes. Luthers
Aussagen zu Recht und Politik sind ganz von dieser Betonung der
ordnenden Funktion geprägt. Von ihr her ergibt sich seine grundsätzlich positive Sicht, bis hin zu einem Gehorsamsüberschuss
gegenüber der Obrigkeit. Wenn diese allerdings ihre am Recht
orientierte ordnende Funktion nicht mehr ausübt – und nur dann
–, kann Luther auch Ungehorsam bis hin zum Tyrannenmord le-
gitimieren. Die Gründe für diesen starken Akzent auf dem Recht
als guter (An-) Ordnung Gottes liegen zum einen in Luthers Menschenbild. Aufgrund der das Leben des Menschen unter der Sünde
dominierenden Begehrlichkeit wäre der Naturzustand ohne die
ordnende Hand des Rechts ein Zustand, in dem die Schwächeren
oder diejenigen, die sich wehren könnten, es aber aus christlicher

Liebesgesinnung nicht tun, schutzlos den Angriffen der Bösen ausgesetzt wären. Luther bringt dies anschaulich am Bild der Schafe und Wölfe zur Geltung. Die ordnende Funktion des Rechts wird von Luther somit vor allem als Schutzfunktion verstanden, und ein Fürst, der als Diktator zwar Ordnung schafft, aber seinem Schutzauftrag nicht gerecht wird, muss mit Kritik seitens Luthers rechnen. In diesem Zusammenhang gibt Luther auch dem geschriebenen, überkommenen Recht eine wichtige Kontrollfunktion: „Es ist fein und billig, daß die Obrigkeit nach Gesetzen regiere und dieselben handhabe, und nicht nach eigenem Mutwillen" (Luther 1967d [1526], S. 68). Der Schutzauftrag gegenüber den Schutzbedürftigen wiederum wird von Luther als Gerechtigkeitsauftrag verstanden. Ordnung, Schutz und Gerechtigkeit gehen auf der Basis von Luthers Menschenbild eine enge Verbindung ein, wobei der Gerechtigkeitsaspekt gegenüber den beiden anderen im Konfliktfall zurücktritt, wie sich an Luthers Äußerungen zum Bauernkrieg zeigen ließe. Die rechtlich autorisierte Aufgabe der Obrigkeit schließt dabei auch das Führen gerechter Kriege mit ein, denn ein aus den Aufgaben der Obrigkeit legitimierter Krieg ist für Luther „nichts als die nach außen gewandte Verwaltung des Rechtes" (Althaus 1969, S. 27).

Der zweite Grund für Luthers Hochschätzung des weltlichen Rechts ist zeitbedingt. Luther sah die Gesellschaft seiner Zeit durch die große politische Einflussnahme der Kirche in deren damaligem korrupten Zustand schwer beschädigt. In dieser Situation, in der die Kirche selbst von Begehrlichkeit und Ungerechtigkeit dominiert wurde, forderte Luther, am markantesten in der Adelsschrift von 1520, die Fürsten seiner Zeit auf, den göttlichen Ordnungsauftrag erst recht stellvertretend wahrzunehmen, selbst in Angelegenheiten der Religion.

> *Luther wendet sich scharf gegen die Vermischung von göttli-
> chem und menschlichem Recht.*

Der Bezug auf die Zwei-Regimenten-Lehre, mit dem Luthers
Rechtstheologie steht und fällt, gibt dem weltlichen Recht nicht
nur eine besondere Würde, sondern er relativiert es zugleich. Diese
Lehre, wie sie seine gesamte Sozialethik bestimmt, ist ihrerseits in
Zusammenhang zu sehen mit der reformatorischen Ur-Entdeckung
der Unterscheidung von Glauben und Werken. Heil vor Gott und
damit Erfüllung der Gerechtigkeit, die vor Gott gilt, ist nicht mit
menschlichen Werken, sondern allein durch den Glauben zu er-
langen. Bei der Regelung des menschlichen Zusammenlebens geht
es daher allein um das irdische Wohl, nicht aber um himmlische
Ehren. „Deshalb muß man diese beiden Regimente mit Fleiß
voneinander scheiden und beides bleiben lassen: eines, das fromm
macht, das andere, das äußerlich Frieden schaffe und bösen Werken
wehret" (Luther 1967a [1523], S. 16). Daher ist es eine für Luther
unerträgliche Anmaßung, wenn der Anspruch erhoben wird, im
zwischenmenschlichen Bereich unmittelbar die Sache Gottes und
sein Recht zu verwirklichen. Seine Kritik fällt in diesem Sinne
sowohl auf einen Fürsten wie Georg den Bärtigen von Sachsen, der
in seinem Fürstentum die Verbreitung des von Luther übersetzten
Neuen Testaments verbieten ließ, wie auf die revolutionären Bauern, deren Anliegen Luther umso stärker ablehnt, je mehr sie sich
unter der Führung vorgeblicher Propheten wie Thomas Müntzer
auf göttliches Recht berufen. In diese Unterscheidungslehre gehört
auch, dass Luther beim weltlichen Recht vor allem seine strafende
Seite betont: Die beiden Regimente Gottes entsprechen neben
Irdischem und Himmlischem auch den beiden Wirkmitteln von
Gesetz und Evangelium, der strafenden und der vergebenden
Gerechtigkeit, wobei das Strafrecht von Luther wiederum unter

die Schutz- und Ordnungsfunktion des Rechts subsumiert wird
(vgl. beispielsweise Luther 1967c [1525], S. 211f.).

▸ *Das von der Obrigkeit gesetzte Recht ist bindend und zugleich*
   selbst an die Gerechtigkeit als Maßstab gebunden.

Aufgrund des Primats der Ordnungsfunktion betont Luther die
Wichtigkeit des Gehorsams gegenüber den Anweisungen und Gesetzen der Obrigkeit – ein rechtspositivistischer Zug, der ihm den
Ruf des „Fürstenknechts" eingebracht hat. Hierfür beruft er sich
auf die Bibel – Röm 13,1: „Jedermann sei untertan der Obrigkeit,
die Gewalt über ihn hat" –, aber auch auf empirische Evidenz: „Ja,
ein böser Tyrann ist erträglicher als ein böser Krieg, was du billi-
gen mußt, wenn du deine eigene Vernunft und Erfahrung fragst"
(Luther 1967d [1526], S. 64). Es könnte nach der Beseitigung des
Tyrannen alles noch viel schlimmer werden (Luther 1967d [1526],
S. 66f.). Die Gehorsamsforderung an das Volk ist aber nur die eine
Seite der Medaille. Auch die Obrigkeit ist in ihren Entscheidungen
nicht frei, sondern gebunden. „Es ist fein und billig, daß die Obrigkeit nach Gesetzen regiere und nicht nach eigenem Mutwillen"
(Luther 1967d [1526], S. 68). Dies gilt in Luthers Augen selbst für
den Kaiser (vgl. Günter 1976, S. 61). Eine rechtlich geordnete Absetzung des Kaisers aufgrund von Amtsmissbrauch hält Luther für
legitim (vgl. Günter 1976, S. 64). Maßstab für das gute Handeln
der Obrigkeit – wie für das gute Handeln aller Menschen – ist das
natürliche Recht: „Wo du aber der Liebe und Natur Recht aus den
Augen tust, wirst du es nimmermehr so treffen, daß es Gott gefale,
wenn du auch alle Rechtsbücher und Juristen gefressen hättest"
(Luther 1967a [1523], S. 50). Dieses natürliche – allen Menschen
im Gewissen bekannte – Recht hat für Luther seine Grundfigur
in der Goldenen Regel, also in einem Grundsatz der reziproken
Gerechtigkeit: „Denn die Natur lehrt, wie die Liebe tut: daß ich tun

soll, was ich mir getan haben wollte" (Luther 1967a [1523], S. 50).
Für den Fürsten liegt die Messlatte aufgrund seiner Funktion für
das Gemeinwohl noch etwas höher: „Aber ein Herr und Fürst ist
nicht eine Person für sich selbst, sondern für andere, daß er ihnen
diene, das heißt, sie schütze und verteidige" (Luther 1967d [1526],
S. 72). „[E]in vernünftiger Fürst sieht nicht sich selbst an" (Luther
1967d [1526], S. 73). Luthers Zwei-Regimenten-Lehre darf, allen
augustinischen Einflüssen zum Trotz, nicht dualistisch missver-
standen werden. Auch obrigkeitliches Richten, Kriegführen und
Strafen steht letztlich, wenn auch indirekt, unter dem Maßstab
von göttlicher Gerechtigkeit und Liebe. Luther vertritt anders als
manche seiner Interpreten keine Eigengesetzlichkeit der weltlichen
Ordnungen.

▸ *Die Vernunft und nicht das unmittelbar von Gott inspirierte
Gewissen ist die Quelle des weltlichen Rechts.*

Auch Luthers differenzierte und scheinbar widersprüchliche Aussagen zur menschlichen Vernunft müssen und können aus seiner
Zwei-Regimenten-Lehre erklärt werden. Luthers Vernunftkritik
– die bekannte Rede von der „Hure Vernunft" – bezieht sich einerseits auf eine Vernunft, die ihre Grenzen überschreitet und sich
begehrend anmaßt, trotz der „Torheit des Kreuzes" das Geheimnis
des göttlichen Erlösungswerks durchschauen zu können, andererseits auf eine Vernunft, die sich im Sinne der „Kunstgriffe des
Eigennutzes" (Luther 1967b [1524], S. 277) selbstverkrümmt nur
um persönliche Vorteilsmaximierung dreht. Beide Varianten der
Kritik setzen eine ursprünglich positive Funktion der menschlichen Vernunft voraus. Die Kritik gilt allein deren Pervertierung.
In beiden Fällen steht hinter Luthers Vernunftkritik – man mag
von einer „soteriologischen Kritik" (Zur Mühlen 1980) und einer
ethischen Kritik sprechen – der Gedanke, dass das eigentlich gute

Vernunftvermögen des Menschen von der unter der Sünde dominierenden Begehrlichkeit gekapert und zweckentfremdet wurde.
Dagegen im Sinne der Goldenen Regel verstanden und auf den
Bereich der Weltverantwortung beschränkt, bringt Luther der
menschlichen Vernunft als Gabe Gottes große Achtung entgegen
und sieht in ihr Quelle und Maßstab gottgewollter Gestaltung des
sozialen Lebens (vgl. beispielsweise Luther 1967e [1530], S. 250).
Tendenziell geht Luther über diese Begrenztheit der Zuverlässigkeit
der Vernunft auf das weltliche Regiment noch hinaus, wenn er in
den Verhören vor Cajetan und vor dem Wormser Reichstag rationale
Evidenzen als mögliche Widerlegung seiner Gewissensüberzeugung
anführt. Im Rahmen der vorliegenden Abhandlung genügt es, auf
die ethische Bedeutung, die Luther der menschlichen Vernunft
im Sinne der vorzugswürdigen Gestaltung von Recht und Politik
gibt, hinzuweisen: Er setzt bei allen Menschen eine eingeborene
Einsicht in das Gebotene (*sensus legis*) voraus und nimmt gerade
die Vernunft der Fürsten in die Pflicht, „so daß die Vernunft allezeit
über alles Recht regiere, und das oberste Recht und Meister alles
Rechts bleibe" (Luther 1967a [1523], S. 41), was nicht die Bitte des
vorbildlichen Fürsten an Gott um rechte Einsicht und Weisheit
überflüssig macht (Luther 1967a [1523], S. 42). Die Relevanz, die
Luther der politischen und rechtlichen Vernunft beimisst, wird auch
daran deutlich, dass für ihn allein der offensichtliche Wahnsinn
eines Regenten einen legitimen Grund darstellt, diesen abzusetzen,
„denn der ist nun fortan nicht für einen Menschen zu halten, weil
die Vernunft (in ihm) dahin ist" (Luther 1967d [1526], S. 61). Die
Qualität eines Fürsten steht und fällt mit seinem Vernunftvermögen.

Die aus der Vernunft geschöpfte Rechtsordnung ist fortschrei-
bungsfähig und -bedürftig. Luther ist kein Rechtspositivist: „Deshalb sollte man geschriebene Rechte niedriger als die Vernunft
achten, aus der sie doch als aus dem Rechtsbrunnen gequollen sind,

und nicht den Brunnen an seine Flüßlein binden und die Vernunft mit Buchstaben gefangen führen" (Luther 1967a [1523], S. 51).

> *In vernünftig begründeten Ausnahmefällen darf gegen den Wortlaut des Gesetzes verstoßen werden.*

Dieser Punkt ergibt sich aus dem vorigen und soll hier nur noch an zwei wesentlichen Bestandteilen der Lutherschen Rechtslehre ausgeführt werden: dem Grundsatz der Billigkeit und dem Widerstandsrecht. Die Billigkeit (griech. *epieikeia*, lat. *aequitas*) als „des Rechtes Meisterin" (Luther 1967d [1526], S. 60) wird von Luther genau im Sinne des Überschusses rechter Vernunft über den Buchstaben des Gesetzes verstanden: „Deshalb müssen die Richter und Herren hier klug und fromm sein und die Billigkeit an der Vernunft messen und so dann das Recht seinen Weg gehen oder stillstehen lassen" (Luther 1967d [1526], S. 59). Die Billigkeit steht dabei nicht über dem oder gar gegen das Recht. Sie bringt vielmehr dessen eigentliches Ziel, dem Allgemeinwohl zu dienen, unter Umständen gegen den Buchstaben des Gesetzes zur Geltung. Luther exemplifiziert das am Beispiel des Verzichts auf Rechtsdurchsetzung: „Wer nicht durch die Finger sehen kann, der kann nicht regieren. Deshalb sei das seine Regel: Wo er Unrecht nicht ohne größeres Unrecht strafen kann, da lasse er sein Recht fahren, es sei wie billig es wolle" (Luther 1967a [1523], S. 47). Dies gilt besonders dann, wenn die Rechtsdurchsetzung einen Krieg provozieren könnte:

> „So muß auch ein Fürst die Bösen strafen, daß er nicht einen Löffel aufhebe und eine Schüssel zertrete und um eines Schädels willen Land und Leute in Not bringe und das Land voll Witwen und Waisen mache. Deshalb darf er nicht den Räten und Eisenfressern folgen, die ihn hetzen und aufreizen, Krieg anzufangen und sagen: Ei, sollten wir solche Worte und Unrecht leiden?" (Luther 1967a [1523], S. 46; vgl. Stümke 2007, S. 465).

Die Hochschätzung der Bereitschaft, um eines höheren Guts willen
Unrecht zu leiden, ist auch der Schlüssel für Luthers berüchtigte
Aussagen zum Widerstandsrecht. Wie oben schon zitiert, ist
Luthers Zurückhaltung in Sachen Widerstand einerseits biblisch,
andererseits aber auch durch eine Güterabwägung empirisch
begründet: Ein Widerstand gegen die obrigkeitliche Gewalt bis
hin zum Tyrannenmord ist für Luther nur dann ethisch legitim,
wenn klar ist, dass das dadurch hervorgerufene Übel geringer ist
als das vom Tyrannen ausgehende Leid und Unrecht. Und diese
Abwägung kann laut Luther nur dann eindeutig zugunsten der
gewaltsamen Absetzung lauten, wenn der Regent aufgrund von
fehlender Vernunft seine Ordnungs- und Schutzaufgabe überhaupt
nicht mehr wahrnimmt. In allen anderen Fällen hält er aufgrund
seines pessimistischen Menschenbilds eine Tyrannenherrschaft
für weniger gefährlich als die des Pöbels: „Denn der Pöbel hat und
weiß kein Maß und in einem jeglichen (von ihm) stecken mehr als
fünf Tyrannen" (Luther 1967d [1526], S. 62). Auch hier ist Luther
also von einer unqualifizierten Unterwerfung unter die Obrigkeit weit entfernt. Er macht für seine Zurückhaltung gegenüber
dem Tyrannenmord vernünftige Gründe geltend, die man nicht
einfach vom Tisch wischen kann. Dass Luther ein (beschränktes)
Widerstandsrecht gegen gesetzlich-obrigkeitliche Anordnungen
durchaus kennt, zeigt sich auch daran, dass er im Falle eines un-
gerechtfertigten Krieges zum Ungehorsam aufruft (Luther 1967d
[1526], S. 79). Der Primat liegt auch hier beim Gehorsam und bei
der Rechtssicherheit (Ordnungsfunktion!) – „sollst du den sicheren
Gehorsam um unsicheren Rechtes willen nicht schwächen" (Luther
1967d [1526], S. 80) –, aber bei klarem Unrecht plädiert Luther dafür, Gott mehr zu gehorchen als den Menschen. Das irdische Leid,
das mit dieser Entscheidung verbunden sein kann, sei in Kauf zu
nehmen, denn es sei „besser, daß dich Gott als treu und redlich
preist, als daß dich die ganze Welt als treu und redlich preist"

(Luther 1967d [1526], S. 80). Insgesamt bestätigen Luthers Aussagen zur Billigkeit und zum Widerstandsrecht den güterethischen Grundzug, der seine Ethik insgesamt auszeichnet: Es geht nicht um das Einhalten von moralischen Prinzipien, sondern ethisch vorzugswürdig ist die Handlung, die die Verwirklichung des Guten in der Welt nach vernünftiger Abwägung der Konsequenzen am besten fördert. Gerade als Güterethik ist Luthers Sozialethik auch Vernunftethik.

▶ *Luthers Rechtslehre kumuliert in der Friedensfunktion des Rechts.*

In der Funktion, Frieden zu stiften und zu wahren, fließen die Ordnungs-, Schutz- und Gerechtigkeitsfunktion des Rechts zusammen. Frieden ist für Luther das höchste auf Erden erreichbare Gut. Seinem güterethischen Ansatz entsprechend ist daher der Verwirklichung des Friedens jede andere obrigkeitliche Maßnahme untergeordnet und an ihr zu messen. Das gilt auch für Recht und Gesetz, ja selbst für den Krieg: „Was ist Krieg anderes, als Unrecht und Böses strafen? Warum führt man Krieg, außer weil man Frieden und Gehorsam haben will?" (Luther 1967d [1526], S. 53). Luther nennt den „zeitliche[n] Frieden" „das größte Gut auf Erden […], worin auch alle andern zeitlichen Güter einbegriffen sind" (Luther 1967e [1530], S. 237), und argumentiert auch hier von den realen Konsequenzen der Verwirklichung dieses Guts her: „denn wer will aussprechen, was der liebe Frieden für ein unaussprechlich Gut ist, wie viel er ein Jahr allein sowohl gibt wie erspart?" (Luther 1967e [1530], S. 248). Deshalb ist es kein Zufall, wenn Luther unter den Gütern, die „ins Recht einbegriffen, mit einer Mauer umgeben und wohl gehegt" sind (Luther 1967e [1530], S. 248, s. das ausführliche Zitat oben im Text), ausdrücklich den Frieden nennt. Mehr noch: die Qualität einer Rechtsordnung entscheidet sich für Luther daran, inwieweit sie dem Frieden dient: „Sintemal friede gilt mehr denn alles recht, Und friede ist nicht umbs rechts willen, sondern recht ist umbs frieden willen gemacht" (zit. nach Günter 1976, S. 26, FN 60).

Um diese Friedensaufgabe zu verwirklichen, ist das Recht aus Luthers Sicht an Bildungsmaßnahmen gebunden. Dies lässt sich zeigen an der Fortsetzung der eben bereits zitierten Passage: „Darum, wenn man die Wahrheit sagen will: der zeitliche Frieden, der das größte Gut auf Erden ist, worin auch alle andern zeitlichen Güter einbegriffen sind, ist eigentlich eine Frucht des rechten Predigtamts" (Luther 1967e [1530], S. 237). Der Verweis auf das Predigtamt an dieser Stelle ist ein schöner Beleg dafür, dass man die Unterscheidung der beiden Regimente auch von der geistlichen Seite her nicht überbetonen sollte (von der christlichen Liebe als Maßstab weltlichen Regierens war ja oben im Text schon die Rede). Denn die Predigt arbeitet an der Transformation der Herzen und damit am gesellschaftlichen Frieden von innen her.

> „Denn wo das [Predigtamt] (recht) geht, unterbleibt der Krieg, Hader und Blutvergießen wohl; wo es aber nicht recht geht, da ists auch nicht Wunder, daß da Krieg sei oder jedenfalls stetige Unruhe, Lust und Willen, Krieg zu führen und Blut zu vergießen" (Luther 1967e [1530], S. 237).

Das Predigtamt steht dabei stellvertretend für die Bildungsaufgabe im Sinne eines umfassenden Respekts vor allen Menschen, die auch in Schule und Elternhaus zu geschehen hat (vgl. Luther 1967e [1530], S. 254).

3   Philipp Melanchthon

▶ *Luthers hohe Einschätzung des weltlichen Rechts wird bei Me-*
lanchthon noch gesteigert.

Melanchthon hat sich in Reden und Abhandlungen eigens mit
dem weltlichen Recht beschäftigt. Dieses hohe Interesse hat die
gleichen Hintergründe wie bei Luther: Es geht um das Recht als
Ordnungsmacht mit friedensstiftender Funktion. Melanchthon
war ein eminenter Ordnungs- und Systemdenker (Strohm 2000,
S. 353f.; Deflers 2005, S. 76f.), gerade die rechtlichen Verpflichtun-
gen (*vincula societatis*) führt er auf göttliche Anordnung zurück
(zit. nach Deflers 2005, S. 46, FN 64), ja „Gott ist so, wie er sich im
Gesetz beschrieben hat" (zit. nach Scattola 2005, S. 474, FN 43).
Dementsprechend ist eine Gesellschaft, deren Wächter das Gesetz
ist, ein einmaliges und bewundernswertes Werk Gottes (zit. nach
Deflers 2005, S. 152, FN 271).

▶ *Wie Luther wendet sich auch Melanchthon scharf gegen die*
Vermischung von göttlichem und menschlichem Recht.

Melanchthon hat in seinen Frühschriften den Versuch gemacht,
das mosaische Recht und damit biblische Rechtsnormen zum
Fundament der weltlichen Rechtsordnung zu erklären, hat sich
von dieser Position jedoch rasch abgewendet, insbesondere unter
dem Eindruck der Bauernkriege, in denen sich die Aufständischen
direkt auf die Bibel bezogen und damit Aufruhr und Unfrieden
begründeten (Deflers 2005, S. 78ff.). Christus sei nicht in die Welt
gekommen, um Vorschriften zu lehren, sondern um Sünden zu
vergeben (zit. nach Strohm 2000, S. 348, FN 57). In der Folge hat
Melanchthon die Grundlagenfunktion des weltlichen Rechts mehr
und mehr dem geschriebenen römischen Recht zugeschrieben

und damit einem dezidiert „heidnischen" Recht. Neben seiner
humanistischen Affinität für die Antike spielte dabei die Suche
nach Rechtssicherheit und die – von Melanchthon jedenfalls so
gesehene – Übereinstimmung mit dem gottgegebenen natürlichen
Recht eine Rolle (Kisch 1967, S. 116ff.; Deflers 2005, S. 133ff.). Das
römische Recht „ist geradezu die Verkörperung des Naturrechts"
(Strohm 2000, S. 350).

> ❦ *Die Rückbindung des weltlichen Rechts an das Naturrecht und*
> *dadurch an den göttlichen Ordnungswillen wird von Melanchthon*
> *stark betont.*

Melanchthon kennt noch weniger als Luther eine Eigengesetzlichkeit der weltlichen Sphäre. Ausgehend vom Gedanken einer
auch nach dem Sündenfall weiter intakten Schöpfung und gott-
ebenbildlichen Erkenntnisfähigkeit des Menschen (Strohm 2000,
S. 345), sieht er in den allen Menschen im Bewusstsein präsenten
„natürlichen Kenntnissen" (*notitiae naturales*) den gottgegebenen Maßstab jeder Rechtsordnung: Die natürlichen Gesetze von
Recht und Moral seien „kongruent" mit den göttlichen Normen
(zit. nach Stiening 2012, S. 141). Interessant ist nun aber, dass Melanchthon für eine inhaltliche Bestimmung des Naturrechts, wo
Luther religiös mit der im Sinne des christlichen Liebesgedankens
verstandenen Goldenen Regel argumentiert, auf die römischen
Juristen zurückgreift und deren drei Grundsätze „ehrlich leben"
(*honeste vivere*), „niemanden schädigen" (*neminem laedere*) und
„jedem das Seine geben" (*suum cuique tribuere*) dem göttlichen
Gesetzgeber zuschreibt (Deflers 2005, S. 32ff.). Damit einher geht
eine starke moralische Ableitung des Rechts: Durch das Postulat
einer Übereinstimmung des rechtsbestimmenden Naturrechts
mit Grundsätzen der Moral wird von Melanchthon mehr als nur
eine Übereinstimmung von Moral und Recht behauptet: „Das

Recht wird somit vollkommen in die Ethik integriert und ihr unterworfen" (Scattola 1999, S. 51). Moralische Bildung aller Bürger ist daher für den Humanisten und „Lehrmeister Deutschlands" (*praeceptor Germaniae*) Melanchthon unbedingte Voraussetzung für ein funktionierendes Rechtssystem.

> ≫ *Auch für Melanchthon entspricht das recht verstandene weltliche Recht der Vernunft, doch ist diese Vernunftbestimmtheit dem geschriebenen römischen Recht bereits inhärent.*

Wo Luther die Vernunft primär als *kritischen* Maßstab gegenüber dem geschriebenen Recht ins Feld führt, betont Melanchthon die Übereinstimmung des geschriebenen römischen Rechts mit dem vernünftigen Naturrecht. „Denn nirgends ist das Bild der Gerechtigkeit vollkommener und strahlender ausgedrückt als in diesen Gesetzen" (zit. nach Deflers 2005, S. 159). Wo Luther die Weisheit der Fürsten seiner Zeit in Entscheidungen auch gegen den Wortlaut des Gesetzes zur Geltung bringen will, sieht Melanchthon solche Weisheit schon über die Jahrhunderte ins Römische Recht eingebracht (vgl. Deflers 2005, S. 157). Bei dieser Anknüpfung an das geschriebene Recht geht es Melanchthon nicht zuletzt um Fragen der Rechtssicherheit (Deflers 2005, S. 149ff.). Die Moral ist bereits ins Recht inkorporiert. Es ist auf dieser sehr optimistischen Sicht der Rechtsgeschichte begründet zu sehen, wenn Melanchthon einerseits einer Moralisierung des Rechts, andererseits einem Rechtspositivismus zuneigt – für heutige Rechtsphilosophie ein eigentlich unmögliches Gespann.

> *Melanchthons Aussagen zu Billigkeit und Widerstandsrecht*
entsprechen diesem generellen Zuschnitt seiner Rechtslehre.

Wie bei Luther ist der Gedanke der Billigkeit (*epieikeia, aequitas*)
ein wichtiges Moment in Melanchthons Rechtslehre. Angesichts
seiner Hochschätzung des geschriebenen römischen Rechts besteht
Melanchthons Interesse darin, mit der Billigkeit kein Kriterium
einzuführen, das – wie bei Luther – außerhalb des geschriebenen
Rechts liegt, sondern die Billigkeit als ein Mittel zur Konkreti-
sierung der im römischen Recht bereits enthaltenen Leitlinien
zu interpretieren (Strohm 2000, S. 351). Sie greift bei Konflikten
zwischen Gesetzen (Melanchthon greift zur Erläuterung auf das
Schulbeispiel von der Rückgabe eines geliehenen Schwertes an
einen wahnsinnig Gewordenen zurück: Deflers 2005, S. 161f.) und
dann, wenn aufgrund neuer Konstellationen eine Erweiterung
des Gesetzeskodex notwendig wird. Dabei soll die Billigkeit der
ratio des geschriebenen Gesetzes entsprechen und wird in dieser
Hinsicht mit der Gerechtigkeit gleichgesetzt. Erst an dieser Stelle,
indem er nämlich die billige Gerechtigkeit im Sinne einer Tendenz
zu Mäßigung und Barmherzigkeit interpretiert (Kisch 1967, S. 183)
– aber immerhin an dieser Stelle! –, zeigt sich bei Melanchthon ein
spezifisch christliches Vorzeichen seiner Rechtsinterpretation, wie es
uns bei Luther im Verständnis der Goldenen Regel vom christlichen
Liebesgedanken aus in deutlich größerem Umfang bereits begegnet
ist. Auch Melanchthons Stellungnahmen zu einem möglichen
Widerstandsrecht liegen im Duktus des bisher Erläuterten. Es ist
gerade die Hochachtung vor der rechtlichen Instanz der Obrigkeit,
die unter Umständen – bei Amtsmissbrauch und entsprechend zer-
störerischen Folgen für das Gemeinwohl – Widerstand rechtfertigt,
und zwar einen Widerstand, der – darin von einem „Aufruhr" wie
zur Zeit der Bauernkriege unterschieden – selbst wieder durch ein

entsprechendes Amt, nämlich das der „untergeordneten" Obrigkeit, legitimiert wird (Scattola 2005, S. 475f.).

> ► *Auch bei Melanchthon ist die Erhaltung des Friedens letzter Zweck der Rechtsordnung.*

Melanchthons Irenik – auch in doktrinalen Fragen – ist nicht zuletzt aus eigenen Erfahrungen der negativen Folgen von kriegerischen Zuständen gespeist. Hinzu kommt seine Vorliebe für geordnete Zustände, so dass eine kriegerische Maßnahme, wie eben bereits zitiert, nur gerechtfertigt ist, wenn die Ordnung der Gesellschaft selbst gefährdet ist. Schon früh – 1521 – nennt Melanchthon den gesellschaftlichen Frieden als zentrale Aufgabe der Obrigkeit: „Die weltliche Obrigkeit ist die, die das Schwert führt und den weltlichen Frieden erhält" (zit. nach Deflers 2005, S. 240, zur Unterordnung des obrigkeitlichen „Schwerts" unter die Friedensaufgabe vgl. Deflers 2005, S. 239f.). Seine in den nächsten Jahren folgenden negativen Aussagen in Sachen Widerstandsrecht sind diesem Friedensprimat geschuldet: „Melanchthons Angst vor verbreiteten Unruhen, wie diejenigen, die von den Schwärmern vor kurzem verursacht worden waren, begründete die Verteidigung des Friedens um jeden Preis" (Deflers 2005, S. 229).

Ebenso aber ist die Wendung in Sachen Widerstandsrecht, die Melanchthon nach 1530 vollzog, im Primat des Friedens begründet: Wie eben gezeigt, steht ein – geordneter – gewaltsamer Widerstand gegen die Obrigkeit auch dann noch unter einem großen Vorbehalt: Er ist nur und nur dann gerechtfertigt, wenn die Erhaltung der Ordnung der Gesellschaft, das heißt das friedliche Miteinander, durch einen „Tyrannen" gefährdet ist. Das heißt: Wie für Luther steht auch für Melanchthon der Frieden an der obersten Stelle der obrigkeitlichen Aufgaben; zugleich gestehen beide zu, dass unter bestimmten Umständen die Wiederherstellung des Friedens gewaltsame Mittel rechtfertigen kann.

4   Johannes Calvin und der reformierte Protestantismus

Man darf bei Calvin als geschultem Juristen von vornherein eine hohe theologische Einschätzung weltlichen Rechts erwarten. Und in der Tat ist schon seine Dogmatik dadurch geprägt, dass sie das menschliche Gottesverhältnis durch die juristischen Kategorien von Gesetz und Bund beschreibt. Besonders relevant ist in unserem Zusammenhang jedoch, dass Calvin sein theologisches Hauptwerk, die „Institutio christianae religionis", am Ende des den göttlichen Heilsmitteln gewidmeten vierten Buches mit einem Traktat über das weltliche Regiment abschließt. Schon aus dieser Einordnung lassen sich wichtige Schlüsse ziehen: (1) Wie Luther und Melanchthon gibt auch Calvin dem weltlichen Recht eine hohe Position, die er mittels einer Rede von zwei Regimenten Gottes begründet; (2) zugleich deutet seine bruchlose Behandlung in unmittelbarer Folge der Sakramentslehre darauf hin, dass die Unterscheidung der beiden Regimente Gottes bei Calvin schwächer ausfällt als in der lutherischen Reformation.

Ich gehe im Folgenden vor allem auf die mit dem Punkt 2 angesprochene Erweiterung der lutherischen Obrigkeitslehre durch Calvin und den ihm folgenden reformierten Protestantismus ein. Sie wird zunächst darin manifest, dass Calvin neben der Aufrechterhaltung der öffentlichen Ordnung ausdrücklich auch die Bekämpfung von Abgötterei zur Aufgabe der Obrigkeit erklärt (Calvin 1997 [1559], IV,20,3; 9). Man sollte diese Differenz nicht überbewerten. Auch Luther und Melanchthon geben der Obrigkeit Aufgaben in religiösen Angelegenheiten. Dennoch handelt es sich um eine Akzentverschiebung, die letztlich auf das im Unterschied zu Luther stärker ethisierte Glaubensverständnis Calvins zurückzuführen ist. Wie alle Menschen, so sind in besonderer Verantwortung auch die weltlichen Obrigkeiten von Gott zu „Dienern der göttlichen[!] Gerechtigkeit" (Calvin 1997 [1559], IV,20,6) eingesetzt worden. Dies wirkt sich auch hinsichtlich der nicht direkt religiösen Aufgaben der Obrigkeit aus. Über die Ordnungs-, Schutz- und Friedensfunktion hinaus, die wir von Luther und Melanchthon bereits kennen, vertritt Calvin eine Ausrichtung an einer spezifisch biblischen Gerechtigkeitslehre auch in diesem Bereich, wenn er im Rückgriff auf die alttestamentlichen Propheten von der Obrigkeit ein Eintreten für soziale Gerechtigkeit erwartet (Calvin 1997 [1559], IV,20,9). „‚Gerechtigkeit' bedeutet dabei, die Unschuldigen in seine Hut zu nehmen, sie zu schirmen, zu schützen, zu verteidigen und frei zu machen" (Calvin 1997 [1559], IV,20,9). Wer nach diesen Aussagen bei Calvin eine direkt biblische Ableitung der obrigkeitlichen Gesetze erwartet, wird enttäuscht. Calvin, der in seiner gesamten Theologie einen dem Menschen mit der Schöpfung ins Herz gelegten „Samen" natürlicher Gotteserkenntnis und Sittlichkeit postuliert, sieht seine Obrigkeitslehre vielmehr in Übereinstimmung mit den „allgemeinen Gesetzen der Völker" (Calvin 1997 [1559], IV,20,14). Die obrigkeitliche Gerechtigkeit ist auch bei Calvin naturrechtlich und damit letztlich moralisch fundiert (Calvin 1997 [1559], IV,20,15). Eine recht ausgeübte Obrigkeit dient dem öffentlichen Wohl (Calvin 1997 [1559], IV,20,25). In diesem Sinne hieß es schon in Calvins Römerbriefkommentar von 1539, der Nutzen der Obrigkeit bestehe darin, „daß die Guten in Frieden leben können, dem Mutwillen der Bösen jedoch Schranken gesetzt werden" (Calvin 2007 [1539], S. 663). Dies, der Schutz der Unschuldigen vor der Willkür der Bösen, sei „das einzige Mittel, die Menschheit vor dem Untergang zu bewahren" (Calvin 2007 [1539], S. 665). Die Obrigkeit diene

dem „öffentlichen Wohl" (Calvin 2007 [1539], S. 667). An anderer
Stelle legitimiert Calvin aus dieser Friedensfunktion ausdrücklich
die obrigkeitliche Gewaltanwendung und verbindet sie mit der
klassisch-antiken Gerechtigkeitsbestimmung des *suum cuique
tribuere* (vgl. Hofheinz 2012, S. 100). Eine obrigkeitliche Forderung,
die dieser Gerechtigkeits- oder Billigkeitsforderung nicht gerecht
wird, hat für Calvin nie Gesetzesrang erlangt (Calvin 1997 [1559],
IV,20,15). Im Blick auf eine solche, „ungerechte" Obrigkeit schärft
Calvin zunächst den Gehorsam gegenüber Gottes Setzung ein, einen
Gehorsam, der wie bei Melanchthon dem Amt und nicht der Person
gilt (Calvin 1997 [1559], IV,20,29). Ein Widerstandsrecht gesteht
Calvin nur (unteren) Amtsträgern zu, nicht dem gemeinen Mann
(Calvin 1997 [1559], IV,20,31), und legt mit dieser „positiv-rechtli-
chen Argumentation" (so Hofheinz 2012, S. 27f., im Anschluss an
Strohm 2009) die Wurzel für die spätere Widerstandstheorie von
Beza[1] und den Monarchomachen mit ihrem „Magistratsmodell
herrschaftlicher Gewalt" (Wyduckel 2002, S. 19). Die auf Calvin
folgende reformierte Rechtslehre hat die bei Calvin noch hinter
reichhaltigen Bibelzitaten versteckte naturrechtliche Begründung
von weltlichem Recht und Obrigkeit verstärkt (so schon bei Beza:
vgl. Kickel 1967, S. 258ff.), wobei im Blick auf die gegenreforma-
torischen Bemühungen der altgläubigen Seite die Motivation im
Hintergrund steht, das Recht von der Religion abzukoppeln und
die Rationalität der eigenen Rechtsauffassung zu untermauern:

---

1   Beza gibt – nach der Bartholomäusnacht mit gutem Grund – eine
    etwas andere Zielbestimmung der Obrigkeit als Calvin in der *Institutio*
    von 1559 („die Guten beschützen und die Bösen in Schach halten" –
    die *cura religionis* wird also nicht mehr genannt, ähnlich wie in den
    oben im Text zitierten früheren Aussagen Calvins), vertritt aber wie
    dieser eine Erkenntnis der Notwendigkeit der Obrigkeit schon aus
    natürlicher Einsicht (vgl. Beza 1971 [1574] , S. 45).

> „Angesichts der beschriebenen Kampfsituation rücken reformatorische und humanistische Zielsetzungen aufs engste zusammen. Man geht von einer consonantia biblicae religionis et rectae rationis, einer Gleichstimmigkeit der wahren biblischen Religion und der rechten Vernunft, aus" (Strohm 2009, S. 22).

Demgegenüber ist die bei den Monarchomachen ebenfalls feststellbare Strategie, die eigene Lehre von der Volkssouveränität direkt aus dem Alten Testament zu begründen (Stricker 1967, S. 309f.), minoritär. Bedeutsamer ist der Hinweis der Monarchomachen darauf, dass die eigene Position bereits als Gewohnheitsrecht positiviert sei. Auch wenn dabei von ihnen primär an lokale Rechtstraditionen gedacht ist, ist das eine interessante Parallele zu Melanchthons Insistieren auf dem römischen Recht als exemplarischer Verkörperung der allgemeinen Moral (*lex naturae*). „Die Orientierung an einem historisch gegebenen und fixierten Inhalt des Gesetzes unterscheidet die protestantische Widerstandstheorie von allen Theorien, die mit einem statisch-ewigen, ungeschriebenen Naturrecht argumentieren" (Lohmann 2010, S. 144). Der Respekt vor der Rechtsordnung in ihrem historisch vorgegebenen Bestand und der unbedingte Primat des Gewaltverzichts bis hin zur Leidensbereitschaft blieben auch in der reformierten Widerstandstheorie – wie im Luthertum – dominierend und ließen den tatsächlichen gewaltsamen Widerstand zur Episode werden, wie sich am Leben Bezas veranschaulichen lässt (vgl. Manetsch 2000, S. 339). Die mit der Ordnungsaufgabe der Obrigkeit verknüpfte Bildungsaufgabe wird auch in der reformierten Theologie eingefordert und gegenüber dem Luthertum charakteristisch und fragwürdig verstärkt, indem aus dem Gedanken einer Reformation des gesamten Lebens dem Recht und der Obrigkeit eine bis in die Freizeitgestaltung der Bürger hineinreichende Kontrollfunktion zugeschrieben wird.

5 Täufer und Spiritualisten

Der Überblick über das Rechtsverständnis in den verschiedenen reformatorischen Theologien wäre nicht vollständig, wenn die radikalen Strömungen, die im Zusammenhang der Lutherschen und Schweizer Reformation entstanden, ausgespart blieben. Zu der Obrigkeitsauffassung der Täufer liegt mit Hans Joachim Hillerbrands Arbeit zur „Politischen Ethik des oberdeutschen Täufertums" seit 1962 ein Standardwerk vor, das die verstreuten Akten und Bekenntnisse einzelner regionaler Täufergruppen unter diesem Gesichtspunkt ausgewertet hat. Die Täufer haben, bis auf wenige Ausnahmen, nicht die Obrigkeit als solche abgelehnt. „Daß Gott das obrigkeitliche Amt geschaffen hat, steht für die meisten Täufer außer Zweifel" (Hillerbrand 1962, S. 7; vgl. Wolgast 2016, S. 526). Der Dissens zu den entstehenden reformatorischen Hauptkirchen beginnt dort, wo die Täufer der Obrigkeit jede Gewalt in Glaubensdingen absprechen und ihre Befugnis auf die Aufrechterhaltung öffentlicher Ruhe und Ordnung einschränken. „Ein derartiger Dualismus, der den ‚inneren Menschen' von der Befugnis der Obrigkeit ausnimmt, ist täuferisches Allgemeingut und läßt sich in den Quellen vielfach nachweisen" (Hillerbrand 1962, S. 17f.). Der Gehorsam der Täufer gegenüber der Obrigkeit traf hier auf eine Grenze, und die generelle Ablehnung, ein obrigkeitliches Amt anzunehmen, verstärkte das Misstrauen der bestehenden Obrigkeiten gegen die Täufer und ließ sie, trotz ihrer meist „stillen" Lebensweise – das Täuferreich von Münster stellt die bekannteste und wirkungsreichste Ausnahme dar –, als Aufrührer gegen die Sache der Obrigkeit erscheinen. Die Täufer beriefen sich dabei auf das Vorbild Jesu und auf die Abwertung der „Welt" im Neuen Testament. Dadurch erhält ihre Obrigkeitsanschauung eine Spannung von Anerkennung und Ablehnung zugleich (vgl. Hillerbrand 1962, S. 45ff.). Auch die Ablehnung des Kriegsdienstes wird mit dem Vorbild und den Worten Jesu begründet (Hillerbrand 1962, S. 52ff.). Weiterhin: „Die täuferische Begründung des Eidverbotes erfolgt primär vom Gebot Jesu her" (Hillerbrand 1962, S. 64). Die spannungsvolle Position der Täufer – die Obrigkeit ist von Gott gesetzt, aber die Täufer beteiligen sich nicht daran – hat letztlich ihre Ursache im Erwählungsgefühl der Täufer: Sie verstanden sich als „die kleine Schar der wahren Christen" (Hillerbrand 1962, S. 81), die ohne Obrigkeit leben kann. Die „Welt" hingegen braucht die Obrigkeit, den Krieg und den Eid für „ein Mindestmass von Friede und Sicherheit innerhalb der menschlichen Gesellschaft" (Hillerbrand 1962, S. 81).

Das besondere Erwählungsgefühl bildet einen wichtigen Verbindungspunkt zwischen den täuferischen Gruppen und den dem Protestantismus zuzurechnenden Spiritualisten der Reformationszeit. So hat sich Thomas Müntzer unter anderem als „Diener des Worts Gottes" oder „Knecht Gottes wider die Gottlosen" bezeichnet (Bräuer und Vogler 2016, S. 387). Bei Müntzer war dieses mehr und mehr apokalyptisch verstandene Sendungsbewusstsein bekanntlich vor allem gegen die Vertreter der Obrigkeit gerichtet, mit denen er aus religiösen Gründen in Konflikt geraten war – das gräfliche Verbot, seine Gottesdienste in Allstedt zu besuchen, wurde von Müntzer als unerlaubter obrigkeitlicher Eingriff in religiöse Angelegenheiten angesehen – und die er im Zusammenhang der Bauernaufstände unter Aufnahme der sozialen Forderungen der Bauern als Tyrannen titulierte, die ihrem obrigkeitlichen Auftrag nach Röm 13 nicht mehr gerecht wurden (Bräuer und Vogler 2016, S. 358ff.). Auch Müntzer lehnt also die Notwendigkeit von weltlichem Recht und Obrigkeit keineswegs ab, sieht aber die eigentliche Aufgabe der Obrigkeit als durch die Fürsten seiner Zeit missbraucht an. Seine Obrigkeitskritik ruht auf einem Konzept politischer Herrschaft, das oberflächlich die Zwei-Regimenten-Lehre Luthers teilt, sie faktisch aber unterläuft, indem alttestamentlich-prophetische Aussagen als direkter Auftrag an die Obrigkeit gelesen und damit die lutherischen Bemühungen, das Regiment zur Linken der Vernunft und damit nur indirekt dem Wort Gottes zu unterstellen, unterlaufen werden. Dem entspricht es, dass Luther in seiner Reaktion auf Müntzer weniger dessen Fürstenkritik als solche kritisierte, sondern vielmehr den prophetischen Gestus, mit dem sie vorgetragen und als Motivationsmittel der Aufstandsbewegung eingesetzt wurde.

Als zweiter Spiritualist der Reformationszeit sei Sebastian Franck genannt. Auch bei ihm findet sich eine harsche Obrigkeitskritik. In der Vorrede seiner „Kaiserchronik" innerhalb der 1531 erstmals gedruckten „Geschichtsbibel" vergleicht er die Fürsten seiner Zeit unter dem Tertium des Raubtiers mit dem häufig von ihnen als Wappentier verwendeten Adler (vgl. Wagner 2007, S. 451). Innerhalb seines pessimistischen Geschichtsbilds sieht Franck in der Obrigkeit ein Werkzeug Gottes im negativen Sinn, in dem sich die Korruptheit der „Welt" exemplarisch zeigt. Indem Franck anders als Müntzer jede Form der Vergemeinschaftung dem wahren „Innerlichen" entgegenstellt, bleibt es bei ihm bei der Kritik an der Obrigkeit im Wort – die im Übrigen einen auf Gerechtigkeit und Schutz der Schwachen ausgerichteten positiven Rechtsbegriff voraussetzt – und der Forderung einer innerlichen „Gelassenheit" gegenüber diesem wie allen Übeln der Welt. Die Gemeinsamkeit zwischen Täufern und Spiritualisten im Verständnis von Obrigkeit und Recht als nicht christlich opportun lässt sich letztlich aus einer Gemeinsamkeit im Verständnis des Wirkens Gottes erklären: Gott wendet sich den Menschen nur direkt zu, nicht auch auf dem Umweg über ein zweites „Regiment" der Welterhaltung.

6 Friedensethische Impulse aus der reformatorischen Rechtstheologie

1. Recht und Frieden sind im Hauptstrom der Reformation unmittelbar aufeinander bezogen: Das weltliche Recht hat seine *raison d'être* in der Funktion als Werkzeug zur Herbeiführung und Verwirklichung sozialen und politischen Friedens; Frieden kann nur wirklich werden, wenn keine Anarchie, sondern eine rechtlich verfasste Ordnung besteht.

2. Eine solche Rechtsordnung ist eine notwendige, aber keine hinreichende Bedingung zum Frieden. (a) Aufgrund ihres – unter den Bedingungen der als menschliche egoistische Begehrlichkeit verstandenen Sünde – skeptischen Menschenbilds und des damit unmittelbar zusammenhängenden Verständnisses der irdisch-menschlichen Wirklichkeit im Sinne der Zwei-Regimenten-Lehre steht für die Reformatoren jeder Versuch menschlicher – auch rechtlicher – Gestaltung dieser Wirklichkeit unter dem Vorbehalt der Vorläufigkeit, ja des Widerspruchs zum eigentlichen Bestimmtsein des Menschen im Sinne des vollständigen, himmlischen Friedens mit Gott und unter den Menschen. (b) Auch unter Berücksichtigung dieses Vorbehalts – hinsichtlich des auf Erden allein möglichen Friedens – ist das weltliche Recht kein Selbstläufer. Eine formal rechtlich konstituierte Ordnung kann de facto eine Unrechtsordnung sein. Es braucht eine permanente Erziehung und „Ermahnung" – so Luthers entsprechende Schrift während des Bauernkriegs – zu Gerechtigkeit und Frieden auf beiden Seiten, der regierenden Obrigkeit und der regierten Bevölkerung, damit das Recht seiner Friedensaufgabe nachkommen kann. Den Kirchen und Religionsgemeinschaften kommt für diese Friedenserziehung eine Schlüsselaufgabe zu.

3. Der himmlische Frieden und das mit ihm verbundene Zusammenleben aller Menschen in umfassender Gerechtigkeit und versöhnter Gemeinschaft stellt als höchstes Gut die regulative Idee jeder irdischen Gesellschaftsordnung dar. Die Rechtsordnung hat sich daher an diesem Maßstab der Gerechtigkeit und damit an einer moralischen Forderung auszurichten; sie muss entsprechend fortgeschrieben werden. Wo das nicht geschieht, die Obrigkeit Unrecht und Unfrieden fördert und ihrer Schutzaufgabe nicht gerecht wird, ist Widerstand geboten, der im Notfall auch mit gewaltsamen Mitteln geführt werden darf.

4. Ein solcher Widerstand ist freilich, schon als ziviler Widerstand, nur eine ultima ratio und an ein politisch-rechtliches Mandat gebunden. Die Reformatoren geben der jeweils bestehenden Rechts- und Regierungsordnung einen Vertrauensvorschuss. In diesem Sinne – aber auch nur in diesem Sinne – kann bei ihnen von einer „Ethik der Rechtsbefolgung" gesprochen werden.

5. Dieser Vertrauensvorschuss ist nicht zuletzt begründet in einem Rechtsverständnis, das der Rechtssicherheit hohe Bedeutung beimisst. Willkür und Machtmissbrauch – wie sie sich aus der Sündenlehre als quasi natürliche Erscheinungsformen menschlicher Herrschaftsausübung ergeben – sollen so eingedämmt werden. Die reformatorische Rechtstheologie hat daher positivistische Elemente.

6. Aber: auch das geschriebene Recht ist am Maßstab moralischer Gerechtigkeit zu messen. Dieses zwischenmenschliche Gerechtigkeitskriterium wird von den Reformatoren unterschiedlich bestimmt; basal ist der Bezug auf die Goldene Regel im Sinne einer Ethik der zuvorkommenden Reziprozität, wie er von Luther angeführt wird.

7. Ein solches Gerechtigkeitskriterium entspricht aus Sicht der Reformatoren dem Willen des christlichen Gottes; sie betonen aber zugleich, dass es auch mittels vernünftiger Überlegungen

gewonnen werden kann und einen allgemeinen Menschheits-konsens (*consensus gentium*) darstellt.

8. Generell geben die Reformatoren der menschlichen Vernunft in ihrer theologischen Ethik von Recht und Politik hohes Gewicht. Der güterethische Ansatz, der ihre Ethik insgesamt bestimmt, kommt gerade hier bestimmend zur Geltung: Politisches Handeln – und das Recht als dessen Regulierung – hat sich immer an seinen Konsequenzen zu bemessen und diese daher schon vorausschauend in die Urteilsbildung einzubeziehen. Der Einsatz von Gewalt – innerstaatlich als Polizei- oder Widerstandsmaßnahme, zwischenstaatlich als Krieg – kann um der (Wieder-) Herstellung gerechter und friedlicher Verhältnisse willen gerechtfertigt sein, ebenso wie der Verzicht darauf, wenn der Gewalteinsatz nach vernünftiger Abwägung der Folgen keine Besserung, ja vielleicht sogar eine Verschlechterung der Verhältnisse erwarten lässt. Vernünftige, erfahrungsgesättigte und gut beratene Folgenabschätzung unter der Perspektive eines Lebens in Frieden und Gerechtigkeit ist die Maßgabe jeden politischen Handelns, inklusive der Rechtssetzung und Anwendung von Gewalt.

9. Unter dieser Prämisse – als rein funktional verstandenes Werkzeug zur Herstellung und Erhaltung des Gemeinwohls unter dem Primat von Gerechtigkeit und Frieden – ist das Recht das vorzugswürdige Mittel der politischen Gestaltung des menschlichen Zusammenlebens auf Erden.

Literatur

Althaus, Paul. 1969. *Luthers Haltung im Bauernkrieg (1925)*. 3. Aufl. Reprografischer Nachdruck der 1. Aufl. Tübingen 1952. Darmstadt: Wissenschaftliche Buchgesellschaft.

Beza, Theodor. 1971 [1574]. *De iure magistratuum – Vom Recht der Regierungen gegenüber ihren Mitbürgern.* Zürich: Theologischer Verlag.

Bräuer, Siegfried und Günter Vogler. 2016. *Thomas Müntzer. Neu Ordnung machen in der Welt. Eine Biographie.* Gütersloh: Gütersloher Verlagshaus.

Calvin, Johannes. 1997 [1559]. *Unterricht in der christlichen Religion – Institutio Christianae Religionis.* Nach der letzten Ausgabe von 1559 übers. u. bearb. v. Otto Weber. Neukirchen-Vluyn: Neukirchener.

Calvin, Johannes. 2007 [1539]. *Der Brief an die Römer. Ein Kommentar.* Neukirchen-Vluyn: Neukirchener.

Daase, Christopher. 2016. Orientierung zwischen Gesinnung und Verantwortung. Die Krise der internationalen Ordnung als friedensethische Herausforderung. *Zur Sache bw* 15 (2): 32-36.

Deflers, Isabelle. 2005. *Lex und ordo. Eine rechtshistorische Untersuchung der Rechtsauffassung Melanchthons.* Berlin: Duncker & Humblot.

EKD. 2007. *Aus Gottes Frieden leben – für gerechten Frieden sorgen. Eine Denkschrift des Rates der Evangelischen Kirche in Deutschland.* Gütersloh: Gütersloher Verlagshaus.

Günter, Wolfgang. 1976. *Martin Luthers Vorstellung von der Reichsverfassung.* Münster: Aschendorff.

Hillerbrand, Hans Joachim. 1962. *Die politische Ethik des oberdeutschen Täufertums. Eine Untersuchung zur Religions- und Geistesgeschichte des Reformationszeitalters.* Leiden: Brill.

Hofheinz, Marco. 2012. *Johannes Calvins theologische Friedensethik.* Stuttgart: W. Kohlhammer.

Kickel, Walter. 1967. *Vernunft und Offenbarung bei Theodor Beza. Zum Problem des Verhältnisses von Theologie, Philosophie und Staat.* Neukirchen-Vluyn: Neukirchener Verlag.

Kisch, Guido. 1967. *Melanchthons Rechts- und Soziallehre.* Berlin: Walter de Gruyter.

Lohmann, Friedrich. 2010. Die Bedeutung des Protestantismus für die Menschenrechtserklärungen der Moderne. In *Religion, Menschenrechte und Menschenrechtspolitik*, hrsg. von Antonius Liedhegener und Ines-Jacqueline Werkner, 126-152. Wiesbaden: Springer VS.

Luther, Martin. 1967a [1523]. Von weltlicher Obrigkeit, wie weit man ihr Gehorsam schuldig sei. In *Luther deutsch. Die Werke Martin Luthers in neuer Auswahl für die Gegenwart*. Bd. 7, hrsg. von Kurt Aland, 9-51. 2. Aufl. Stuttgart: Klotz/Göttingen: Vandenhoeck & Ruprecht.

Luther, Martin. 1967b [1524]. Von Kaufshandlung und Wucher. In *Luther deutsch. Die Werke Martin Luthers in neuer Auswahl für die Gegenwart*. Bd. 7, hrsg. von Kurt Aland, 263-283. 2. Aufl. Stuttgart: Klotz/ Göttingen: Vandenhoeck & Ruprecht.

Luther, Martin. 1967c [1525]. Ein Sendbrief von dem harten Büchlein wider die Bauern. In *Luther deutsch. Die Werke Martin Luthers in neuer Auswahl für die Gegenwart*. Bd. 7, hrsg. von Kurt Aland, 201-225. 2. Aufl. Stuttgart: Klotz/Göttingen: Vandenhoeck & Ruprecht.

Luther, Martin. 1967d [1526]. Ob Kriegsleute auch in seligem Stande sein können. In *Luther deutsch. Die Werke Martin Luthers in neuer Auswahl für die Gegenwart*. Bd. 7, hrsg. von Kurt Aland, 52-86. 2. Aufl. Stuttgart: Klotz/Göttingen: Vandenhoeck & Ruprecht.

Luther, Martin. 1967e [1530]. Eine Predigt, dass man Kinder zur Schule halten solle. In *Luther deutsch. Die Werke Martin Luthers in neuer Auswahl für die Gegenwart*. Bd. 7, hrsg. von Kurt Aland, 230-262. 2. Aufl. Stuttgart: Klotz/Göttingen: Vandenhoeck & Ruprecht.

Manetsch, Scott M. 2000. *Theodore Beza and the Quest For Peace in France*, 1572-1598. Leiden: Brill.

Scattola, Merio. 1999. *Das Naturrecht vor dem Naturrecht. Zur Geschichte des „ius naturae" im 16. Jahrhundert*. Tübingen: Max Niemeyer.

Scattola, Merio. 2005. Widerstandsrecht und Naturrecht im Umkreis von Philipp Melanchthon. In *Das Interim 1548/50. Herrschaftskrise und Glaubenskonflikt*, hrsg. von Luise Schorn-Schütte, 459-487. Gütersloh: Gütersloher Verlagshaus.

Schmoeckel, Mathias. 2014. *Das Recht der Reformation. Die epistemologische Revolution der Wissenschaft und die Spaltung der Rechtsordnung in der Frühen Neuzeit*. Tübingen: Mohr Siebeck.

Stiening, Gideon. 2012. „Notitiae principiorum practicorum". Melanchthons Rechtslehre zwischen Machiavelli und Vitoria. In *Der Philosoph Melanchthon*, hrsg. von Günter Frank und Felix Mundt, 115-146. Berlin: De Gruyter.

Stricker, Günter. 1967. *Das politische Denken der Monarchomachen. Ein Beitrag zur Geschichte der politischen Ideen im 16. Jahrhundert*. Diss. phil. Heidelberg.

Strohm, Christoph. 2000. Zugänge zum Naturrecht bei Melanchthon. In *Der Theologe Melanchthon*, hrsg. von Günter Frank und Felix Mundt, 339-356. Stuttgart: Jan Thorbecke.

Strohm, Christoph. 2009. Konfessionelle Einflüsse auf das Werk reformierter Juristen – Fragestellungen, methodische Probleme, Hypothesen. In *Konfessionalität und Jurisprudenz in der frühen Neuzeit*, hrsg. von Christoph Strohm und Heinrich de Wall, 1-32. Berlin: Duncker & Humblot.

Stümke, Volker. 2007. *Das Friedensverständnis Martin Luthers*. Grundlagen und Anwendungsbereiche seiner politischen Ethik. Stuttgart: W. Kohlhammer.

Wagner, Andreas. 2007. *Das Falsche der Religionen bei Sebastian Franck. Zur gesellschaftlichen Bedeutung des Spiritualismus der radikalen Reformation*. Diss. phil. FU Berlin.

Wolgast, Eike. 2016. Stellung der Obrigkeit zum Täufertum und Obrigkeitsverständnis der Täufer in der ersten Hälfte des 16. Jahrhunderts. In *Aufsätze zur Reformations- und Reichsgeschichte*, hrsg. von Eike Wolgast, 506-536. Tübingen: Mohr Siebeck.

Wyduckel, Dieter. 2002. Recht und Jurisprudenz im Bereich des Reformierten Protestantismus. In *Martin Bucer und das Recht. Beiträge zum internationalen Symposium vom 1. bis 3. März 2001 in der Johannes a Lasco Bibliothek Emden*, hrsg. von Christoph Strohm, 1-28. Genf: Droz.

Zur Mühlen, Karl-Heinz. 1980. *Reformatorische Vernunftkritik und neuzeitliches Denken. Dargestellt am Werk M. Luthers und Fr. Gogartens*. Tübingen: Mohr Siebeck.

Zur friedensethischen Relevanz der Rechtsethik
Ein Beitrag aus katholischer Perspektive

Thomas Hoppe

1 Einleitung: Der grundlegende Ansatz der politischen Ethik: Naturrecht als Vernunftrecht

Quelle der katholischen Rechtsethik ist das Naturrechtskonzept, wie es ursprünglich in griechisch-römischen philosophischen Konzeptionen (vor allem der Stoa) vorlag und besonders von der mittelalterlichen scholastischen Philosophie und Theologie weiterentwickelt wurde. Dieses Konzept bietet die Möglichkeit, zwischen ethischen Überzeugungen, die in biblischen Texten ihren Niederschlag gefunden haben, und anderen, die außerhalb dieser Tradition entstanden sind, zu vermitteln. Gerade in der Frühzeit des Christentums, als das Gespräch mit der nichtchristlichen Umwelt zu führen war, kam dieser Möglichkeit eines Brückenschlags zu nichtchristlichem beziehungsweise nichttheologischem Denken vor allem im Bereich der politischen Ethik eine große Bedeutung zu.

Diese Naturrechtskonzeption ist jedoch ihrerseits schöpfungstheologisch an das biblische Fundament rückgebunden: Eine gewaltbewehrte Friedensordnung unter dem Recht soll ermöglichen,

© Springer Fachmedien Wiesbaden GmbH, ein Teil von Springer Nature 2018
S. Jäger und A. von Scheliha (Hrsg.), *Recht in der Bibel und in kirchlichen Traditionen*, Gerechter Frieden, https://doi.org/10.1007/978-3-658-20937-7_4

dass die Welt nach der Sintflut Bestand haben kann, ohne erneut in Willkür und (oft durch Machtinteressen geleiteter) Gewalt (vgl. Gen 6,11) zu versinken, der Menschen schutzlos ausgeliefert wären. In diesem Schutzgedanken liegt die grundlegende sozialethische Begründung für die Legitimität jeglicher Rechtsordnung. Das Motiv des Schutzes bildet zugleich den ethischen Kerngehalt der sieben *Noachidischen Gebote*, die in der jüdischen Tradition als für jeden Menschen verbindlich verstanden und entfaltet werden (vgl. Apel 2012). Sie wurden in späteren christlichen Entwürfen zur theologischen Deutung der sozialen Wirklichkeit des Rechts rezipiert.

Dabei muss Naturrecht als Vernunftrecht übersetzt werden, wodurch deutlich wird, dass sich partikulare theologische Überzeugungen nicht im Inhalt materialer Normen niederschlagen. Naturrechtsfragen sind durch Argumente zu klären, die auf philosophischer Grundlage aufruhen und von allen Beteiligten nicht mehr, aber auch nicht weniger verlangen als die Bereitschaft, sich auf dieser Ebene der Auseinandersetzung über die Findung inhaltlich rechtfertigungsfähiger Normen zu stellen. Auf dieser grundlegenden erkenntnistheoretischen Position, die zugleich den Anspruch des naturrechtlichen Diskurses auf wissenschaftliche Dignität zur Geltung bringt, beruht das Konzept der Autonomen Moral, wie es von Alfons Auer entwickelt und seitdem durch eine große Zahl katholischer Moraltheologen weitergedacht und ausdifferenziert wurde (vgl. Auer 1984).

Dieses Konzept stützt sich unter anderem auf entsprechende Weichenstellungen in der theologischen Ethik von Thomas von Aquin (vgl. Auer 1984, S. 219, grundlegend zu dieser Thematik vgl. Merks 1978). Dabei wird keineswegs die Auffassung vertreten, Glaubensüberzeugungen spielten für die Ausarbeitung einer christlichen Ethik keine Rolle. Vielmehr wird die Bedeutung solcher Überzeugungen einerseits hervorgehoben, andererseits aber auch in spezifischer Weise zugeordnet: Ihre Funktion ist es, im Hinblick auf moralische Praxis zu „stimulieren" – also zur Verwirklichung des als sittlich richtig Erkannten zu ermutigen –, zu „kritisieren" – zum Beispiel „die Verabsolutierung bestimmter geschichtlich gewordener und verfestigter Sozialverhältnisse" (Auer 1984, S. 196) – und zu „integrieren", das heißt, die „Lebbarkeit" moralischer Überzeugungen zu ermöglichen. Mit „Integrieren" ist die Einordnung der personalen Wahrnehmung von Weltverantwortung in einen christlichen Deutungshorizont gemeint. Dabei wird durchgängig an der sich epistemologisch unabhängig von solchen Deutungen vollziehenden Findung der sittlich richtigen Weise innerweltlichen Handelns festgehalten: Die jeweils konkrete inhaltliche Fassung sittlicher Normen ist mit den Mitteln vernünftiger Argumentation zu bestimmen und gegebenenfalls zu verteidigen. Hier spielen Rezeptionsprozesse älteren ethischen Wissens oft eine wesentliche Rolle (vgl. Auer 1984, S. 189ff.):

> „Auch Jesus greift auf ethische Einsichten früherer Zeiten zurück. Selbst seine hochethischen Weisungen, wie etwa die positiv formulierte ‚Goldene Regel' oder die Feindesliebe, lassen sich wenigstens bei einzelnen jüdischen oder heidnischen Schriftstellern bis mindestens auf das 8. Jahrhundert zurück nachweisen." (Auer 1984, S. 216).

„Kerngehalte" dieses Autonomie-Konzepts sind so nach Auer „die Authentizität des Sittlichen, die Zuständigkeit der Vernunft für seine Erkenntnis und die Unbedingtheit seines Anspruchs" (Auer 1984, S. 211).

Vor allem in seinen Enzykliken „Evangelii Gaudium" und „Amoris Laetitia" hebt Papst Franziskus I. hervor, dass es für eine Prüfung und Beurteilung von lebensweltlichen Erfahrungstatbeständen unter einem moraltheologischen Aspekt auf die Würdigung der nicht selten höchst verschiedenen Umstände, durch die

eine Situation gekennzeichnet sei, entscheidend ankomme. In
der moraltheologischen Tradition wurde diesem Sachverhalt in
der Lehre von den *Fontes Moralitatis*, den Quellen der Moralität,
traditionell besondere Beachtung geschenkt. Die Bestimmung dieser Umstände und ihres jeweiligen Gewichts kann wiederum nur
im Licht der natürlichen Vernunft erfolgen, soll sie intersubjektiv
kommunikabel und damit überprüfbar sein (Auer 1984, S. 214).
Aus diesem Grund bedarf auch der ethische Diskurs grundsätzlich
hinreichender Information über einschlägige, vornehmlich human-
und sozialwissenschaftliche Forschungsstände (Auer 1984, S. 212),
damit seine Ergebnisse und Beurteilungen sowohl menschen- wie
sachgerecht ausfallen – eine Forderung, die Franziskus immer
aufs Neue erhebt.

2   Grenzen der Reichweite rechtlicher Normierungen und die Bedeutung des Gewissens

Zweck menschlicher Rechtssatzungen ist es, eine Ordnung zu errichten, die grundlegenden Forderungen der Gerechtigkeit genügt –
also nicht eine vollkommene und allumfassende Ordnung, sondern
eine solche, deren Regelungskompetenz sich auf Kernbereiche des
sozialen und politischen Lebens beschränkt und in diesem Sinn
dem heute weltweit zu realisierenden Gemeinwohl dient. Das partikulare Wohl der Bürger eines einzelnen Staates erscheint hierbei
als Teil dieses weltumspannenden Gemeinwohls; daher müssen alle
Entscheidungen, deren Reichweite sich nicht auf den Binnenbereich
eines Staates beschränken lässt, auf ihre Auswirkungen unter
dem Aspekt weltumspannender Gemeinwohldienlichkeit geprüft
werden. In ähnlicher Weise wird dieser Gedanke formuliert, wo
gefordert wird, klassisches außenpolitisches Denken durch ein

solches in den Kategorien von „Weltinnenpolitik" abzulösen (vgl. beispielsweise Weizsäcker 1981 [1963] mit Blick auf die Aufgabe internationaler Friedenssicherung; vgl. auch Weizsäcker 1976, S. 243f.). Die Erläuterung des Gemeinwohlprinzips in universalistischen Kategorien lässt sich mindestens bis in die Zeit der spanischen Spätscholastik zurückverfolgen. So muss für Francisco de Vitoria ein schwerwiegender Grund vorliegen, um die Führung eines Krieges zu rechtfertigen (vgl. Vitoria 1952 [1532], Nr. 19). Mit anderen Worten: Zwischen den voraussehbaren Übeln eines Krieges und dem Kriegsgrund muss eine Proportionalität erkennbar sein. Dabei betont de Vitoria, eine solche Abwägung dürfe nicht nur im Hinblick auf die Interessen des den Krieg vorbereitenden Staates, sondern müsse unter Einbeziehung der voraussichtlichen Folgen für die gesamte Völkergemeinschaft vorgenommen werden. Josef Soder (1973, S. 230f.) spricht hier von der „Orbisidee", der zufolge die Welt eine Einheit der vielen selbständigen Völker darstelle; das allgemeine Wohl der Völkergemeinschaft sei daher höher zu veranschlagen als das Wohl eines Einzelstaates. Damit wird die Perspektive wesentlich erweitert, in welcher man die Rechtmäßigkeit eines geplanten Krieges zu prüfen hat.

Rechtsordnungen sind einerseits unverzichtbar, können jedoch andererseits nur in dieser Beschränkung auf Kernbereiche mit der Gewährleistung personaler Freiheit koexistieren. Dass solche Freiheit als Ausdrucksform personaler Würde zu gelten hat, wurde bereits in der Philosophie der Stoa herausgearbeitet. Maßgebend für eine grundsätzlich verändernde Gestaltung sozialer und politischer Wirklichkeit wurde diese Einsicht jedoch erst seit dem Beginn der Neuzeit, im Zeitalter der Aufklärung und der seither sukzessiven Ausarbeitung des Menschenrechtskonzepts im Rahmen einer säkularen Naturrechtskonzeption. Sie mündete schließlich in die Grundrechtskataloge moderner Verfassungsordnungen. Unter solchen Rahmenbedingungen stehen auch Naturrecht und

Rechtspositivismus nicht per se antithetisch einander gegenüber, wie es vielfach aufgrund von konzeptionellen Missverständnissen angenommen wird (vgl. Frommel 2016). Vielmehr wird ihr Verhältnis komplementär: Das positive Recht macht normative Standards einklagbar, die bereits auf vorpositiver, moralischer Ebene einen Verbindlichkeitsanspruch erheben.

Dabei ist bewusst, dass es keine perfekte positivierte Rechtsordnung geben kann: Die vermeintlich höchste Form des Rechts kann auf schwerstes Unrecht hinauslaufen, wenn sie nicht ergänzt wird durch den Grundsatz der Billigkeit (*aequitas*), der die Anwendung generalisierender Normen auf konkrete Einzelsituationen leitet. Diese grundsätzliche rechtsethische Klärung ist bereits in der Epikie-Konzeption (*epieikes* = das Gebührende, Angemessene) des Aristoteles geleistet, sie wurde vor allem durch Albertus Magnus und Thomas von Aquin im Hochmittelalter wieder in ihrer systematisch zentralen Bedeutung entdeckt und in deren Naturrechtskonzeptionen integriert. Nachfolgende Entwürfe zur Rechtsethik und Politischen Ethik, vor allem in und seit der spanischen Spätscholastik, führen diesen Ansatz in unterschiedlicher Intensität und Gewichtung weiter.

Im Einzelfall, so die *Epikie-Lehre*, kann aus ethischen Gründen eine Abweichung vom Wortlaut einer Norm gerechtfertigt, ja aus entsprechendem Grund womöglich geboten sein. Dies kann sogar bedeuten, dass sich die fragliche Norm auf einen solchen Fall nicht nur nicht vollständig, sondern überhaupt nicht anwenden lässt, weil dies anderenfalls mit einer schwerwiegenden Ungerechtigkeit verbunden wäre. Thomas betont, dass sittlichen Normen, je konkreter sie inhaltlich gefasst sind, nur eine Geltung „im Allgemeinen" (*ut in pluribus*) mit abnehmender Reichweite zukomme, ihre Verbindlichkeit also abhängig von den besonderen Umständen des Einzelfalls Grenzen habe. Jegliches positive Recht steht insofern unter dem Vorbehalt, dass es die sorgfältige Prüfung jeden Fal-

les, der unter eine spezielle Rechtsnorm subsumiert werden soll,
daraufhin erfordert, ob die Rechtsverwirklichung dem Wortlaut
nach mit den rechtsethischen Grundlagen, auf denen das positive
Recht seinerseits gründet, vereinbar ist.

Aus diesem Grund steht auch die stets neu bekräftigte Lehre
von der unbedingten sittlichen Verbindlichkeit des persönlichen
Gewissensurteils nicht gewissermaßen neben dem Recht, sondern
bleibt auf dessen vernunftrechtlichen Referenzrahmen bezogen:
Sittlich richtig ist nicht ein Handeln in konkreten Situationen, das
Normen – auch Rechtsnormen – eher schematisch „anzuwenden"
sucht. Vielmehr ist es dasjenige Handeln, das den in solchen Fällen
konkret auf dem Spiel stehenden Werten (die teilweise von der
Rechtsordnung selbst abgebildet werden) in ihrer Gesamtheit so
gut wie möglich entspricht, das heißt ihnen allen in möglichst
weitgehender Weise gerecht wird:

> „Was jemand angesichts unserer Pluralität aufgrund gewissenhafter
> Reflexion auf die verschiedenen Angebote und ihre innere und
> äußere Autorität und im willigen Bemühen um wahre Einsicht
> als die Weise sittlich richtigen Verhaltens begreift, wird zum
> fordernden Wort seines Gewissens. Wer es in sittlicher Gutheit
> gesucht hat, muss es auch zwecks sittlicher Gutheit befolgen.
> Das Wort des Gewissens über sittlich richtiges Verhalten ist das
> einzige Wort des inneren Menschen über solches Verhalten; es ist
> darum die einzige *Norm* in ihm selbst, die seine ebenso innere und
> persönliche *Entscheidung* zu leiten vermag. Die Befolgung *dieser*
> *Norm* – also nicht die Befolgung der von außerhalb des eigenen
> Selbst sich anbietenden Normen als solcher – [be]wirkt die innere
> Einheit (statt Zerrissenheit) des Selbst und entscheidet so über die
> personale sittliche Gutheit auf dem stets zu suchenden Weg durch
> die Welt der pluralen Angebote solcher Wege" (Fuchs 1989, S. 171).

Da auch Einzelfälle nicht selten eine moralisch komplexe Struktur
aufweisen, bleibt ein persönliches Urteil des Handelnden un-
hintergehbar, es kann ihm – als für ihn maßgebliche moralische

Handlungsorientierung – weder von einem Rekurs auf positives Recht noch von anderen Akteuren beziehungsweise (institutionellen) Autoritäten abgenommen werden.

Dabei hat die Berufung auf ein Gewissensurteil nichts mit einer Immunisierungsstrategie gegen Einwände von außen zu tun. In einer Berufung auf das persönliche Gewissensurteil wird der Raum vernünftigen Argumentierens ebenso wenig verlassen, wie darauf verzichtet würde, die Inhalte dieses Urteils grundsätzlich kommunikabel formulieren und in verallgemeinerbarer Form ausdrücken zu können. Die besondere existenzielle Zuspitzung einer Entscheidungssituation, die im Gewissensurteil begegnet[1], kann zu der Wahrnehmung führen, in ihm höre der Entscheidende die Stimme Gottes selbst. Doch gerade um zu vermeiden, dass subjektive Gewissheiten hiermit leicht verwechselt werden, bleibt die Rückbindung des „inneren Diskurses" in der gewissensgebundenen Entscheidungsfindung an die Auseinandersetzung mit anderen Positionen und den für sie geltend gemachten Gründen notwendig. Sie dient nicht der Verunsicherung des Entscheidenden, sondern der Absicherung seiner Entscheidung gegenüber Irrtümern und anderen Fehlerquellen im moralischen Urteil, so dass dieses dem Verdikt entgeht, leichtfertig gefällt worden zu sein. Deswegen muss erwartet werden können, dass das solchermaßen überprüfte und erläuterungsfähige Gewissensurteil Respekt von Seiten Dritter erfährt, indem diese darauf verzichten, dem Handelnden in psychischer oder physischer Weise Gewalt anzutun.[2]

---

1   „Das Gewissen ist der aus einer Tiefe jenseits des eigenen Willens und der eigenen Vernunft sich zu Gehör bringende Ruf der menschlichen Existenz zur Einheit mit sich selbst" (vgl. Bonhoeffer 1975, S. 257).

2   „Die Missachtung des Gewissensrufes muss eine Zerstörung – nicht etwa eine sinnvolle Hingabe – des eigenen Seins, einen Zerfall der menschlichen Existenz zur Folge haben. Das Handeln wider das Gewissen liegt in der Richtung des selbstmörderischen Handelns

Dazu gehört gegebenenfalls auch der Respekt vor den Grenzen, die der Handelnde in der Weise setzt, wie er seine Entscheidung nach außen kommuniziert. Denn sich in dieser Weise zur moralischen Wirklichkeit zu verhalten, erfordert ein Höchstmaß an ethischer Reflexion. Sie bewirkt eine Grundhaltung, aus der heraus eine missbräuchliche Berufung auf das Gewissen ausscheidet – der Missbrauch muss nicht eigens verhindert oder verboten werden, vielmehr ist er dem Handelnden habituell gar nicht möglich. Sich missbräuchlich auf das Gewissen berufen kann nur, wem von vornherein bewusst ist, dass es sich – jedenfalls in seiner subjektiven Einschätzung – bei der in Rede stehenden Entscheidung gerade nicht um eine solche handelt, die seine gewissensgebundene Stellungnahme herausfordert.

3 Gewissen und Öffentlichkeit: Ziviler Ungehorsam und Widerstandsrecht

Zur Gewissensfrage können nicht nur individuelle moralische Entscheidungen werden, sondern auch solche, die die Öffentlichkeit betreffen, also vor allem Fragen politischer Ethik. Für viele Menschen war aus guten Gründen ihre Beteiligung an der Auseinandersetzung um den NATO-Doppelbeschluss in den achtziger Jahren des vergangenen Jahrhunderts durch eine tief empfundene Gewissensproblematik motiviert – und dies galt durchaus für beide Seiten in dieser Kontroverse. Denn im Zentrum standen nicht politische Präferenzen, bei denen man unterschiedlich optieren konnte, sondern es ging um die ethische Problematik der nuklea-

---

gegen das eigene Leben, und es ist kein Zufall, dass beides oft genug miteinander verbunden ist. Ein [...] Handeln, das dem Gewissen in diesem [...] Sinn Gewalt antun wollte, wäre in der Tat verwerflich" (Bonhoeffer 1975, S. 257).

ren Abschreckung: Darf man Handlungen androhen und sich auf
ihre mögliche Ausführung vorbereiten, von denen absehbar ist,
dass sie mit keiner der fundamentalen Normen eines *ius in bello*
vereinbar wären? Diese Problematik ist heute so wenig gelöst wie
damals, auch wenn sie in der Sicht breiter Kreise an praktischer
Bedeutung verloren zu haben scheint (eine Einschätzung freilich,
die den militärpolitischen Fakten kaum standhält).

Als weitere Beispiele für die Manifestation von Gewissensüberzeugungen im öffentlichen Raum lassen sich die Auseinandersetzungen in den Vereinigten Staaten vor allem in den 1960er-Jahren
um die Überwindung der Rassendiskriminierung und die Beendigung des Kriegs in Vietnam nennen. Aus jüngster Zeit wäre die
Aufarbeitung der Folterpraktiken unter der Regierung von George
W. Bush durch den US-Kongress hervorzuheben, die sich in Art
und Umfang beispiellos mit erst kurz zurückliegenden gravierenden
Menschenrechtsverletzungen des eigenen Landes auseinandersetzte
(*Senate Select Committee on Intelligence* 2014). Gerade im Kontext
der amerikanischen Bürgerrechtsbewegung kam der Handlungs-
form des zivilen Ungehorsams von sozialphilosophischer und
-ethischer Seite besondere Aufmerksamkeit zu. Sie unterscheidet
sich von Formen des Widerstands im engeren Sinne dadurch, dass
sie von der Auffassung getragen ist, dass die geltende Verfassungs-
ordnung und die sie ausformenden Einzelgesetze grundsätzlich
Legitimität für sich in Anspruch nehmen können, da sie auf den
Grundwert der Gerechtigkeit hin ausgerichtet sind. Dort jedoch,
wo einzelne Gesetze nachweislich diesen Grundwert verfehlen,
soll ein gesetzeswidriges Verhalten der Bürger eine Korrektur des
ungerecht erscheinenden Gesetzes bzw. einer ihm entsprechenden
Rechtspraxis erwirken. Ziviler Ungehorsam gilt also keineswegs
als regulärer Handlungsmodus, sondern bleibt ausdrücklich spezifischen Ausnahmesituationen vorbehalten.

Im Unterschied dazu stellt sich die Frage nach einem Widerstandsrecht bei wesentlich größeren und umfassenderen Abweichungen des geltenden Rechts innerhalb eines Staates von elementaren Forderungen der Gerechtigkeit. Auch hier geht es also, vom Standpunkt politischer Gerechtigkeit aus betrachtet, um eine Ausnahmesituation und nicht um Normalfälle. Ihre extreme Zuspitzung erfährt eine solche Situation in Formen der Despotie bzw. der Diktatur. In der Tradition wurde die Problematik in einschlägigen Traktaten zur *tyrannis* (Gewaltherrschaft) behandelt, und zwar wiederum auf der Basis naturrechtlicher Argumente. Das Widerstandsrecht wird dabei – analog dem Verteidigungsrecht gegen äußere Bedrohungen – als Notwehrrecht der Bürgerschaft eines Staates gegen einen Herrscher konzipiert, der seine Macht missbraucht. In neueren Abhandlungen zu diesem Thema wird ein solcher Missbrauch explizit in einer Bedrohung grundlegender Freiheitsrechte der Bürger erblickt. Für Johannes Messner (1966, S. 798f.)

„sieht die Naturrechtslehre im aktiven Widerstand ein Notwehrrecht des Staatsvolkes in Fällen, in denen das Gemeinwohl und seine höchsten Güter, wie die wesentlichsten Freiheiten der Bürger, schwerster Bedrohung durch den Missbrauch der Staatsgewalt unmittelbar ausgesetzt sind und andere Möglichkeiten der Abwehr … nicht bestehen. … Die fraglichen Gemeinwohlgüter können verfassungsrechtlich gewährleistete, die staatliche Grundordnung bestimmende Freiheitsrechte sein, oder es kann die Existenz von Staat und Volk auf dem Spiele stehen, wenn die Staatsführung mit ihrer Rüstungspolitik und Außenpolitik auf einen Angriffskrieg oder die Provozierung eines solchen abzielt. Das Ziel des Widerstandes kann die Zurückweisung der Regierung in die Schranken der verfassungsmäßigen Rechtsordnung oder, wenn dies nicht erreichbar, die Entfernung, d. i. der Sturz der Regierung, sein".

Innerhalb der päpstlichen Sozialverkündigung wurde diese Argumentation vor allem in der Enzyklika „Populorum Progressio" (Paul VI. 1967, Nr. 31) von Papst Paul VI. aufgenommen. Dort heißt es:

> „Jede Revolution – ausgenommen im Fall der eindeutigen und lange dauernden Gewaltherrschaft, welche die Grundrechte der Person schwer verletzt und dem Gemeinwohl des Landes gefährlich schadet – zeugt neues Unrecht, bringt neue Störungen des Gleichgewichts mit sich, ruft neue Zerrüttung hervor."

Im beschriebenen Ausnahmefall kann also kollektiver, gegebenenfalls auch gewaltsamer Widerstand gerechtfertigt sein – trotz der schwerwiegenden Übel, die jede Gewaltanwendung zur Folge hat, weswegen sie nur im äußersten Fall, als ultima ratio, in Betracht kommen kann.

Ein zentrales Anliegen der lateinamerikanischen Theologie der Befreiung ist es deswegen, eine Veränderung menschlich und moralisch unerträglicher Situationen auf Wegen zu ermöglichen, die ohne den Rückgriff auf Gewalt erfolgreich sein können. Jenseits der passiven Hinnahme systemischen Unrechts einerseits und einer bewaffneten Revolution andererseits – beides aus je unterschiedlichen Gründen zu vermeidende Alternativen – werden Wege gesucht, Kräfte der Befreiung aus Armut und Unterdrückung freizusetzen, die den spirituellen und sozialen Ressourcen der unter solchen Verhältnissen leidenden Menschen selbst entstammen, sich aber auf gewaltfreie Strategien beschränken.

4 Rechtsethische Fundierung des positiven Rechts: Zur Verhältnisbestimmung von materialer Gerechtigkeit und Rechtssicherheit

Das rechtsethische Fundament ist jeglicher positivierter Normenordnung sachlich und daher zugleich normativ vorgeordnet – deswegen ist hierfür statt „Naturrecht" auch der Terminus „vorpositives Recht" gebräuchlich. Es bleibt damit kritisch-korrektivischer Maßstab für die Beurteilung jeder derartigen Ordnung – sei es insgesamt, sei es in Bezug auf einzelne in ihr enthaltene inhaltliche Festlegungen. Daher ist es nicht möglich, unter Bezug auf das positive Recht naturrechtlichen Einwänden dagegen grundsätzlich ihre Berechtigung zu bestreiten. Die Positivierung von Normen verfolgt jedoch ein Ziel, dem in Bezug auf das Maß an Gerechtigkeit, das in einer Rechtsordnung verwirklicht werden kann, erhebliche Bedeutung zukommt, nämlich die Realisierung von Rechtssicherheit. Sie soll gegen offene Willkür ebenso schützen wie gegen eine „unbegrenzte Auslegbarkeit" (vgl. Rüthers 2004) von Rechtsgrundsätzen, also gegen eine tendenziell beliebige Verwendbarkeit solcher Grundsätze zu allen denkbaren politischen Zwecken, so dass am Ende Recht von Unrecht nicht mehr unterschieden werden kann. Rechtssicherheit in diesem Sinne ist für die Gesellschaft, die unter dem Recht leben soll, unverzichtbar.

Konsequenterweise vertrat daher der große Rechtsgelehrte Gustav Radbruch die Auffassung, dass gerade das positivierte Recht für jede rechtsstaatliche Ordnung konstitutive Bedeutung habe. Erschüttert vom Umfang und den extremen Erscheinungsformen des Unrechts während der NS-Diktatur erkannte er jedoch deutlicher als zuvor, wie wenig positives Recht aus sich selbst heraus in der Lage war, dem systematischen Aufbau eines Unrechtsstaates entgegen zu wirken. In seinem berühmt gewordenen, auf höchstrichterliche

Rechtsprechung bis in die jüngste Zeit einwirkenden Aufsatz von
1946 „Gesetzliches Unrecht und übergesetzliches Recht" (Radbruch
1946, zur Rezeptionsgeschichte vgl. Schumacher 1985) zog er der
Verpflichtungskraft positiver Gesetze eine entscheidende rechtsethische Grenze, und zwar wegen ihres möglichen materialen
Gehalts, nicht wegen eines eventuellen Defektes ihres verfahrens-
mäßigen Zustandekommens. Zwar hielt er die Rechtssicherheit
des Individuums vor möglicher späterer Strafverfolgung solcher
Handlungen, die zur Tatzeit nicht strafbar waren, für einen „Wert,
der dem Gesetz innewohnt" (Radbruch 1946, S. 88). Radbruch
fährt jedoch fort, indem er seine Kernthese entwickelt, die in der
Jurisprudenz seither als Radbruch'sche Formel bezeichnet wird:

> „Rechtssicherheit ist nicht der einzige und nicht der entscheidende
> Wert, den das Recht zu verwirklichen hat. […] Der Konflikt zwi-
> schen der Gerechtigkeit und der Rechtssicherheit dürfte dahin zu
> lösen sein, dass das positive, durch Satzung und Macht gesicherte
> Recht auch dann den Vorrang hat, wenn es inhaltlich ungerecht
> und unzweckmäßig ist, es sei denn, dass der Widerspruch des
> positiven Gesetzes zur Gerechtigkeit ein so unerträgliches Maß
> erreicht, dass das Gesetz als ‚unrichtiges Recht' der Gerechtigkeit
> zu weichen hat. Es ist unmöglich, eine schärfere Linie zu ziehen
> zwischen den Fällen des gesetzlichen Unrechts und den trotz
> unrichtigen Inhalts dennoch geltenden Gesetzen; eine andere
> Grenzziehung aber kann mit aller Schärfe vorgenommen werden:
> wo Gerechtigkeit nicht einmal erstrebt wird, wo die Gleichheit, die
> den Kern der Gerechtigkeit ausmacht, bei der Setzung positiven
> Rechts bewusst verleugnet wurde, da ist das Gesetz nicht etwa nur
> ‚unrichtiges Recht', vielmehr entbehrt es überhaupt der Rechtsna-
> tur. Denn man kann Recht, auch positives Recht, gar nicht anders
> definieren denn als eine Ordnung und Satzung, die ihrem Sinn nach
> bestimmt ist, der Gerechtigkeit zu dienen. An diesem Maßstab
> gemessen sind ganze Partien nationalsozialistischen Rechts niemals
> zur Würde geltenden Rechts gelangt […]. Das gilt insbesondere von
> den Bestimmungen, durch welche die nationalsozialistische Partei
> entgegen dem Teilcharakter jeder Partei die Totalität des Staates

für sich beanspruchte. Der Rechtscharakter fehlt weiter allen jenen
Gesetzen, die Menschen als Untermenschen behandelten und ihnen
die Menschenrechte versagten. Ohne Rechtscharakter sind auch alle
jene Strafdrohungen, die ... Straftaten verschiedenster Schwere mit
der gleichen Strafe, häufig mit der Todesstrafe, bedrohten. Alles das
sind nur Beispiele gesetzlichen Unrechts" (Radbruch 1946, S. 89f.).

Eine der wichtigsten Leistungen in Radbruchs Argumentation
besteht darin, inhaltlich genau anzugeben, woran sich materiale
Normen erkennen lassen, denen tatsächlich keine Rechtskraft zukommt: Es handelt sich um solche Normen, die einzelnen Menschen
oder bestimmten Gruppen von Menschen ihr Mensch-Sein und
die daraus sich ergebenden Ansprüche auf Schutz ihrer personalen
Würde durch die Garantie von Menschenrechten absprechen.
Man mag fragen, was Radbruch bewogen haben kann, in der Zeit
vor 1933 strikt positivistisch zu argumentieren. Aufschlussreich
hierfür ist folgender Hinweis (Adomeit 1999, S. 3468):

> „die rigorose Forderung an den Richter, Gerechtigkeitsabstinenz
> zu halten, [lässt sich] plausibel erklären, wenn man an die Nöte
> denkt, die der sozialdemokratische Reichsjustizminister mit den
> aus wilhelminischer Epoche überkommenen Richtern hatte. [...]
> Die Bilanz der politischen Strafrechtsprechung war erschreckend
> [...] Radbruch traute den Richtern nicht, er musste befürchten,
> seine Reformgesetzgebung werde ins Gegenteil verdreht, sobald
> der Richter sich ermächtigt glaubte, sein eigenes Dafürhalten,
> wie auch immer begründet, vor Wortlaut und ratio des Gesetzes
> zu schieben."

Der Positivismus Radbruchs vor 1933 stand daher zumindest in
Teilen implizit selbst unter der Leitidee der Gerechtigkeit, die er
jedoch anders als durch eine positivistische Grundargumentation
auch nicht annähernd verwirklichen zu können fürchtete.

In ähnlicher Weise wie die Grenzen der Verbindlichkeit rechtlicher Normen lassen sich die Grenzen einer eidlichen Verpflichtung

bestimmen: Ethisch betrachtet, kann eine solche Verpflichtung nie unbedingten Charakter haben, sondern gilt nur unter der Voraussetzung und nur so weit, wie die Zielsetzungen, die der Eidnehmer verfolgt, sich im Rahmen der moralischen und rechtlichen Ordnung bewegen, die vom Eidgeber bei der Eidesleistung vorausgesetzt werden musste. Selbst in der NS-Diktatur war §47 des Militärstrafgesetzbuches nicht außer Kraft gesetzt worden, dem zufolge die Gehorsamspflicht sich nicht auf Befehle zu verbrecherischen Zwecken des Befehlenden bezog. Eidverpflichtung und Widerstandsrecht, ja unter Umständen sogar eine entsprechende moralische Pflicht, Widerstand zu leisten, können daher normativ widerspruchsfrei miteinander koexistieren.

Im internationalen Recht kann die Martens'sche Klausel als Beispiel dafür gelten, dass auch dort der Gedanke einer rechtsethischen Fundierung des Rechts, die sich inhaltlich auswirkt, anwesend ist. Diese Klausel rechnet mit den gefährlichen Eigendynamiken jeder kollektiven, organisierten Gewaltanwendung, die nur allzu schnell ethische und rechtliche Schranken zu durchbrechen droht. Jedoch ist umstritten, was aus den in ihr angesprochenen „Grundsätzen der Menschlichkeit und [...] den Forderungen des öffentlichen Gewissens" (vgl. die Präambeln sowohl des Haager Abkommens betreffend die Gesetze und Gebräuche des Landkriegs von 1899 als auch des IV. Haager Abkommens von 1907), die gewissermaßen als Auffangnormen für im geschriebenen Recht nicht oder nicht hinreichend geregelte Fälle zur Anwendung kommen sollen, im konkreten Einzelfall hergeleitet werden kann. Der fehlende Konsens in dieser Frage erscheint als ein Indikator dafür, dass von einer gemeinsamen Grundüberzeugung der Staatenwelt über das nicht zu unterschreitende zivilisatorische Minimum nach wie vor nicht ausgegangen werden kann.

Weiterhin ergibt sich aus diesen Überlegungen, dass in Fällen, in denen anhaltende, systematische und schwerwiegende Menschenrechtsverletzungen und Verbrechen gegen die Menschlichkeit (*Mass Atrocities*) stattfinden, die Bindung an positivierte rechtliche Verfahren der Entscheidungsfindung innerhalb der Staatengemeinschaft gegenüber der ethisch begründeten Notwendigkeit verzugslosen Handelns zur Beendigung solcher Verbrechen unter Umständen zurücktreten muss. In solchen Fällen kann es daher notwendig werden, dass einzelne Staaten oder Staatengruppen sich entschließen einzugreifen, um weiteres Morden zu verhindern – dies ist einer der wichtigsten Diskussionspunkte in der Debatte um die Implementierung einer „Schutzverantwortung" (*Responsibility to Protect*) der Staatengemeinschaft.[3] Das Konzept der Schutzverantwortung betont die Bedeutung der primären Pflicht zur Gewaltprävention (*Responsibility to Prevent*), durch die ein solches Eingreifen nach Möglichkeit vermieden werden soll. Nur für den Fall, dass dies misslingt, ergibt sich eine *Responsibility to React*, unter Umständen auch mit militärischen Mitteln. Es ist jedoch zugleich ein Gebot rechtsethischer Klugheit, die Zahl der Fälle möglichst zu minimieren, in denen es zu einer solchen Spannung zwischen Grundnormen der Gerechtigkeit beziehungsweise ihnen entsprechenden Gewissensüberzeugungen und den Normen des positivierten Rechts kommt. Daraus ergibt sich die Verpflichtung, darauf hinzuwirken, das vorfindliche Normensystem im Licht eines wachsenden Erfahrungsbestands mit Zuträglichkeiten und Unzuträglichkeiten der geltenden Regelungen im Hinblick auf ihre soziale Zweckmäßigkeit ständig zu überprüfen und zu modifizieren.[4] Einen Vorgriff auf solche möglicherweise im Interesse eines weltweit

---

3   Diese komplexe Thematik wird ausführlich in einem eigenen Beitrag des Autors behandelt.

4   Vgl. Virt (1983, S. 129f.) zur diesbezüglichen Sicht des Thomas von Aquin: „Aus wiederholtem Epikiehandeln entsteht ein Gewohnheitsrecht. Die Epikie ist bei Thomas die Grundlage für das Entstehen eines Gewohnheitsrechtes nicht nur in bislang rechtsfreien Räumen,

verstandenen Gemeinwohls unumgängliche Novellierungen kann
genau jenes Handeln darstellen, das sich auf normative Überzeugungen stützt, die letztlich in einer Epikie-Problematik wurzeln
und in ihr entsprechenden Situationen aktualisiert werden. So
argumentierte etwa Jürgen Habermas anlässlich des Kosovo-Kon-
flikts (Habermas 1999). Vor allem darin liegt die rechtsethische
Bedeutung der Entstehung neuer internationalrechtlicher Normen
durch eine veränderte Staatenpraxis und eine wachsende Rechts-
überzeugung hinsichtlich ihrer sachlichen Angemessenheit (vgl.
Art. 38, Abs. 1b des Statuts des Internationalen Gerichtshofs). Zu
beachten ist hierbei, dass auf internationalrechtlicher Ebene keine
einer einzelstaatlichen Verfassungsgerichtsbarkeit vergleichbare
Instanz existiert, die Spannungen zwischen den Zielsetzungen
der materialen Gerechtigkeit und der Rechtssicherheit in einem
justiziellen Verfahren ausgleichen und dabei zugleich eine über-
staatlich verbindliche Rechtsauffassung ausbilden helfen könnte.

5   Ausblick: Rechtsethik als Konstitutivum
       eines gerechten Friedens

Der hier vorgestellte rechtsethische Ansatz ist getragen von dem
Grundgedanken, dass der prinzipiell unabschließbare – und nachweislich unabgeschlossene – Erkenntnisgang auf dem Weg zur
Findung „richtigen Rechts" auf eine ständige Überprüfung des
geltenden Rechts hinsichtlich seiner Korrespondenz mit dem Ziel
eines möglichst hohen Maßes an materialer Gerechtigkeit angewiesen bleibt. Dabei sind wichtige normative Prämissen unhin-
tergehbar, vor allem die Grundbestimmtheit des Rechts durch das

---

sondern auch in Situationen, da sich eine Gewohnheit gegen ein bisher
bestehendes Gesetz herausbildet."

Prinzip der Menschenwürde und deren kategorialer Entfaltung in einzelnen, als Grundrechte zu positivierenden Menschenrechten. Menschenwürde lässt sich in theologischen, aber auch in philosophischen Bezügen erläutern. In einem naturrechtlich geprägten Konzept wird die theologische Dimension zur philosophischen hinzutreten, kann und will sie aber nicht ersetzen – sehr klar ausgearbeitet wurde diese doppelte Hermeneutik der Menschenrechte vor allem in der Enzyklika „Pacem in Terris" von Papst Johannes XXIII. (1963), in der Pastoralkonstitution „Gaudium et Spes" des Zweiten Vatikanums (1965) und in der Enzyklika „Redemptor Hominis" von Papst Johannes Paul II. (1979).

Eine solche Konzeption ist nicht konfessionell-partikular orientiert, sie intendiert vielmehr Kommunikabilität nicht nur ins innerchristliche ökumenische Gespräch, sondern jenseits der Grenzen des Christentums auch in die „abrahamitische Ökumene" hinein. Mehr noch: Sie sieht sich dem Anspruch verpflichtet, so zu argumentieren, dass sie sich im Dialog mit „allen Menschen guten Willens" (Johannes XXIII. 1963) sowohl verständlich machen wie Relevanz reklamieren kann.

Unter der Leitperspektive des gerechten Friedens erscheint dies unerlässlich, denn dieses friedensethische Konzept sprengt selbst zwangsläufig die Grenzen der Denkvoraussetzungen einer partikularen Tradition. Soll eine globale Friedensordnung auf das Recht als eines ihrer wesentlichen Fundamente bauen können, so kann es sich nur um ein Recht handeln, dessen inhaltliche Normen begründet und nachvollziehbar erscheinen, nicht aber als in vielen Kulturen als gewaltsam empfundener Oktroi. Zur Rationalität der Rechtsethik gehört untrennbar die Überzeugung, dass Recht tragfähig wird, wenn seine Geltungsgründe überzeugen, und nicht nur, wenn es die Macht hatte, sich faktisch durchzusetzen. Dies ist zugleich eine der wichtigsten Voraussetzungen dafür, dass Recht dem ethischen Anspruch, dem *Humanum* zu dienen und es zu schützen, gerecht zu werden vermag.

Literatur

Adomeit, Klaus. 1999. Gustav Radbruch – zum 50. Todestag. *Neue Juristische Wochenschrift* 52 (47): 3465-3469.

Apel, Avichai. 2012. Universale Ethik. *Jüdische Allgemeine* 67 (42): 2.

Auer, Alfons. 1984. *Autonome Moral und christlicher Glaube*. 2. Aufl. Düsseldorf: Patmos.

Bonhoeffer, Dietrich. 1975. *Ethik*. Zusammengestellt und herausgegeben von Eberhard Bethge. 8. Aufl. München: Chr. Kaiser.

Demmer, Klaus. 1980. *Sittlich handeln aus Verstehen. Strukturen hermeneutisch orientierter Fundamentalmoral*. Düsseldorf: Patmos.

Franziskus I. 2016. *Amoris Laetitia*. Rom: Vatikan.

Franziskus I. 2013. *Evangelii Gaudium*. Rom: Vatikan

Frommel, Monika. 2016. Rechtsphilosophie in den Trümmern der Nachkriegszeit. *JuristenZeitung* 71 (19): 913-920.

Fuchs, Josef. 1988/1989. *Für eine menschliche Moral*. Freiburg: Herder.

Fuchs, Josef. 1955. *Lex naturae. Zur Theologie des Naturrechts*. Düsseldorf: Patmos.

Furger, Franz. 1991. *Christliche Sozialethik. Grundlagen und Zielsetzungen*. Stuttgart: Kohlhammer.

Furger, Franz. 1989. *Weltgestaltung aus Glauben. Versuche zu einer christlichen Sozialethik*. Münster: Aschendorff.

Habermas, Jürgen. 1999. Bestialität und Humanität. Ein Krieg an der Grenze zwischen Recht und Moral. *Die Zeit* 53 (18).

Johannes Paul II. 1979. Enzyklika *Redemptor Hominis*. Rom: Vatikan.

Johannes XXIII. 1963. Enzyklika *Pacem in Terris*. Rom: Vatikan.

Kerber, Walter. 1998. *Sozialethik*. Stuttgart: Kohlhammer.

Krings, Hermann. 1991. Norm und Praxis. Zum Problem der Vermittlung moralischer Gebote. *Herderkorrespondenz* 45 (5): 228-233.

Mausbach, Joseph und Gustav Ermecke. 1959/1961. *Katholische Moraltheologie* Bd. 1 u. 2. Münster: Aschendorff.

Merks, Karl-Wilhelm. 1978. *Theologische Grundlegung der sittlichen Autonomie: Strukturmomente eines „autonomen" Normbegründungsverständnisses im lex-Traktat der Summa theologiae des Thomas von Aquin*. Düsseldorf: Patmos.

Messner, Johannes. 1966. *Das Naturrecht*. 6. Aufl. Innsbruck: Tyrolia.

Paul VI. 1967. Enzyklika *Populorum Progressio*. Rom: Vatikan.

Radbruch, Gustav. 1946. Gesetzliches Unrecht und übergesetzliches Recht. *Süddeutsche Juristen-Zeitung* 1 (5): 105-108, wieder abgedruckt in: Hassemer, Winfried. 1990. *Radbruch-Gesamtausgabe. Bd. 3. Rechtsphilosophie III*, 83-93. Heidelberg: C. F. Müller.

Rüthers, Bernd. 2004. *Die unbegrenzte Auslegung. Zum Wandel der Privatrechtsordnung im Nationalsozialismus*. 6. Aufl. Tübingen: Mohr.

Schüller, Bruno. 1980. *Die Begründung sittlicher Urteile. Typen ethischer Argumentation in der Moraltheologie*. 2. Aufl. Düsseldorf: Patmos.

Schüller, Bruno. 1988. *Pluralismus in der Ethik: Zum Stil wissenschaftlicher Kontroversen*. Münster: Aschendorff.

Schumacher, Björn. 1985. *Rezeption und Kritik der Radbruchschen Formel*. Diss Göttingen.

Senate Select Committee on Intelligence. 2014. *Committee Study of the Central Intelligence Agency's Detention and Interrogation Program*. Washington, D.C.: U.S. Senate. Unclassified Version. 3. 12. 2014.

Soder, Josef. 1973. *Francisco Suárez und das Völkerrecht: Grundgedanken zu Staat, Recht und internationalen Beziehungen*. Frankfurt a. M.: Metzner.

Virt, Günter. 1983. *Epikie – verantwortlicher Umgang mit Normen*. Mainz: Grünewald.

Vitoria, Francisco de. 1952 [1532]. *De jure belli Hispanorum in Barbaros*. Lt. Text nebst dt. Übers. hrsg. von Walter Schätzel. Tübingen: Mohr.

Weizsäcker, Carl Friedrich von. 1981 [1963]. *Bedingungen des Friedens*. Wieder abgedruckt in: Weizsäcker, Carl Friedrich von. *Der bedrohte Frieden*, 125-137. München: Hanser.

Weizsäcker, Carl Friedrich von. 1976. *Wege in der Gefahr. Eine Studie über Wirtschaft, Gesellschaft und Kriegsverhütung*. München: Hanser.

Witschen, Dieter. 2012. *Gewissensentscheidung. Eine ethische Typologie von Verhaltensmöglichkeiten*. Paderborn: Schöningh.

Zweites Vatikanisches Konzil. 1965. Pastoralkonstitution *Gaudium et spes*. Rom: Vatikan.

Legitimationsfragen rechtserhaltender Gewalt im globalen Staatensystem
Eine völkerrechtliche Perspektive

Stefan Oeter

1   Einleitung

„Friede ist keine Selbstverständlichkeit. Ihn zu wahren, zu fördern
und zu erneuern, ist eine immerwährend Aufgabe" – so beginnt
die Einleitung der EKD-Friedensdenkschrift von 2007 (EKD
2007, Einleitung). Wie viel Bedeutung bei der Wahrnehmung
dieser Aufgabe dem Recht beigemessen wird, zeigt Teil 3 der
Friedensdenkschrift, in dem unter dem Titel „Gerechter Friede
durch Recht" sehr eingehend den Anforderungen an eine globale
Friedensordnung als Rechtsordnung nachgegangen wird, aber
auch dem Paradigma rechtserhaltender Gewalt und den Grenzen
rechtserhaltenden militärischen Gewaltgebrauchs. Diese Bedeu-
tungszuschreibung an das (weltliche) Recht ist nur verstehbar vor
dem Hintergrund der reformatorischen „Zwei-Regimenten-Lehre".
Göttliche Gerechtigkeit und das von Menschen gesetzte Recht
werden in der reformatorischen Theologie schon immer als zwei
Sphären begriffen, wenn auch beide natürlich enge Verbindungen
aufweisen (vgl. Witte 2002, S. 87ff.). Dem weltlichen Recht wird
damit eine besondere Würde (und ein Eigenrecht) zugemessen.

© Springer Fachmedien Wiesbaden GmbH, ein Teil von Springer Nature 2018
S. Jäger und A. von Scheliha (Hrsg.), *Recht in der Bibel und in kirchlichen
Traditionen*, Gerechter Friede, https://doi.org/10.1007/978-3-658-20937-7_5

Für Martin Luther ist – wie Friedrich Lohmann in seinem Bei-
trag ausführt – der Anspruch eine unerträgliche Anmaßung, im
Bereich der Ordnung sozialen Zusammenlebens unmittelbar die
Sache Gottes und sein Recht zu verwirklichen.

Die fundamentale Bedeutung dieser intellektuellen Trennung
der Sphären von göttlichen Geboten und weltlicher Ordnung,
von Moraltheologie und Rechtswissenschaft, ist kaum zu über-
schätzen. Erst mit der Anerkennung des Eigengewichts weltlicher
Ordnung und säkularen Rechts wird die Bindung an eine für alle
gleichermaßen geltende Rechtsordnung denkbar, die sich nach
einer Eigenlogik mit stark pragmatischen Zügen entwickelt – einer
Rechtsordnung, die nicht mehr so ohne weiteres durch Berufung
auf göttliche Gebote und theologische Rechtfertigungen überspielt
werden kann.

2 Die Herausbildung des modernen Völkerrechts als Prozess der Säkularisierung

Folgenreich ist die Zwei-Regimenten-Lehre zunächst für die Herausbildung einer abgeschlossenen Ordnung staatlichen Rechts, die
anfangs noch stark durch Herkommen und Tradition bestimmt ist,
also Gewohnheitsrecht, zunehmend aber durch von der Obrigkeit
gesetztes Recht dominiert wird. Das weltliche Recht löst sich mit
der Konsolidierung des Territorialstaates in der frühen Neuzeit
immer stärker vom „göttlichen Recht" und den theologischen
Ableitungen. Auch die Legitimation der weltlichen Herrschaft
wird mit dem Siegeszug der Herrschaftsvertragslehren im Verlaufe
des 17. und 18. Jahrhunderts immer stärker vom göttlichen Willen
abgelöst und damit von den theologischen Wurzeln vormoderner
Rechtfertigungsnarrative. Ausgangsproblem der Herrschaftsver-

tragslehren ist der alles durchdringende Bürgerkriegszustand des konfessionellen Zeitalters, der eine rein theologische Herrschaftsbegründung, und damit die Legitimation einer die konfessionellen Streithähne überbrückenden Friedensordnung aus Vorstellungen der „Gottgegebenheit", nicht mehr aussichtsreich erscheinen ließ. Besonders deutlich ist diese Hintergrundfolie bei Thomas Hobbes, aber auch bei Samuel Pufendorf, dem großen Popularisierer des modernen Kontraktualismus im deutschsprachigen Raum, scheint dieser Hintergrund immer wieder durch. Es bedarf – aus Gründen der Vernunft – einer starken Staatsgewalt, um den selbstzerstörerischen Kampf aller gegen alle zu beenden, den gerade die Deutschen im Dreißigjährigen Krieg auf so gnadenlose Art erfahren hatten (vgl. Willoweit 2013, S. 60ff.). Legitimation weltlicher Herrschaft und staatlichen Rechts ist damit im Kern die menschliche Vernunft – und diese Vernunft wird im säkularen Vernunftrecht der Aufklärung auch zur zentralen Inspirationsquelle der Rechtsordnung. Die Konsolidierung der Herrschafts- und Rechtsordnung mit dem Gewaltmonopol des Staates ist in diesem Verständnis die Grundlage des Kulturzustandes, in dem das Miteinander der Menschen durch das Recht bestimmt wird und nicht mehr durch Gewalt. Eine besonders prägnante Zuspitzung erfährt diese Betonung des Rechts als des zentralen Steuerungsmediums zivilisierter Gesellschaften in der Rechts- und Sozialphilosophie von Immanuel Kant. Der berühmte „kategorische Imperativ" lässt dem vernunftgesteuerten Individuum, das sich seiner Rolle als moralisches Wesen bewusst ist, eigentlich keine andere Wahl als im Rechtszustand zu leben. In diesem Prozess der „Etatisierung" des europäischen Modells von Sozialordnung kommt aber nicht nur dem Recht eine ganz wichtige Rolle zu, sondern komplementär auch der Zentralisierung der Gewaltmittel, mit der erst eine echte Friedensordnung gesichert werden kann. Das Gewaltmonopol wird zur Basis der staatlichen Rechtsordnung.

Der komplementäre Prozess der Verrechtlichung der Beziehungen zwischen den Herrschern (und Gemeinwesen) verläuft deutlich mühsamer – und damit zeitlich versetzt. Das Verhältnis der Herrscher (und Herrschaftsgebilde) untereinander ist lange Zeit nicht durch gesetztes Recht des *ius humanum* bestimmt gewesen, sondern durch moraltheologisch fundiertes Naturrecht. Sieht man von gestuften Gebilden wie dem Heiligen Römischen Reich Deutscher Nation ab, wo dem Kaiser durchaus eine Friedensfunktion mit (beschränkter) Rechtsgewalt zukam, so kannte der Herrscher des Spätmittelalters und der frühen Neuzeit keine Gewalt über sich – außer der Gottes. Die Jurisdiktion des Papstes, dem als „Stellvertreter Gottes" in der mittelalterlichen Ordnung der Christenheit noch eine gewisse Schiedsrichterrolle zugekommen war, wurde mit den Grundlagenkonflikten des Hochmittelalters um die Stellung von Papst und Kaiser, der Gefangenschaft der Päpste in Avignon, dem langen Schisma und dann der Reformation und der durch sie bedingten konfessionellen Spaltung immer schwächer. Dies bedeutete nicht, dass nicht auch für Herrscher Regeln gegolten hätten – diese waren nur kaum institutionalisiert und leicht zu überspielen.

Am Anfang dieser Entwicklung stand die Moraltheologie des Augustinus, zentral weiterentwickelt durch Thomas von Aquin, mit der Lehre vom *bellum iustum* (vgl. O'Connell 2012, S. 274ff.). Bis weit in das 18. Jahrhundert hinein lieferte die Lehre vom gerechten Krieg die normativen Maßstäbe für jegliche Begrenzung militärischer Gewalt zwischen Gemeinwesen (vgl. O'Connell 2012, S. 277ff.; Schmidt 2010, S. 240ff.). Im Zusammenhang mit der Vernunftrechtsidee der frühen Neuzeit erfährt das Naturrecht des *bellum iustum* eine tiefgreifende Säkularisierung. Das bahnbrechende Werk des Hugo Grotius – „De iure belli ac pacis libri tres" – verbindet das Naturrecht mit dem Gedankengut des Humanismus, wenn auch viele Bestände theologischen Denkens und

Argumentierens dabei noch sichtbar bleiben. Die nachfolgenden Weiterentwicklungen hin zu einem rein säkularen Vernunftrecht lösen es immer weiter von diesen theologischen Wurzeln ab. Es wird zunehmend als funktional aus der Sozialität des Menschen folgendes Recht begriffen und verschmilzt tendenziell mit der politischen Praxis – deutlich sichtbar im epochalen Grundlagenwerk des Emer de Vattel Mitte des 18. Jahrhunderts, der das Grundmodell des Wolff'schen Vernunftrechts mit der empirischen Erfahrung der diplomatischen Praxis der Zeit amalgamiert (vgl. Haggenmacher 2011, S. 3ff.).

Durch vielfältige Formen offenen Missbrauchs ausgehöhlt, wurde die Lehre vom gerechten Krieg zunehmend als „leidiger Tröster" empfunden. Rechtspositivismus und Machtstaatsdenken entzogen der Lehre vom gerechten Krieg dann im 19. Jahrhundert intellektuell den Boden, sie wich der Lehre vom freien Kriegführungsrecht. Es blieb jedoch eine Leerstelle, die entweder über Naturrecht zu füllen gesucht wurde oder in die neue Kategorien einer Friedensethik vorstießen – das späte 19. Jahrhundert ist voll von Beschwörungen der Grundsätze der „Humanität". Schon Ende des 19. Jahrhunderts bildet sich eine wirkmächtige pazifistische Bewegung aus, die in Kategorien des *Peace through Law* argumentiert. Erste Versuche einer politischen Umsetzung scheitern auf den beiden Haager Friedenskonferenzen von 1899 und 1907.

Die Katastrophe des „Großen Krieges" von 1914 bis 1918 verlieh den Forderungen der internationalen Friedensbewegung jedoch Nachdruck. Der Ruf nach endgültiger Verwirklichung der Programmatik des *Peace through Law*, über Formen der Institutionalisierung einer neuen Friedensordnung, war kaum mehr abzuwenden und fand in der Gründung des Völkerbundes und dem Friedenssicherungsrecht der Völkerbundsatzung seinen Ausdruck, ergänzt einige Jahre später durch den Briand-Kellogg-Pakt mit seiner absoluten Ächtung des Krieges als Mittel der Politik (vgl.

Schmidt 2010, S. 337ff.; Roscher 2004, S. 255ff.). Die Nürnberger und Tokioter Kriegsverbrecherprozesse sahen dieses Verbot der Aggression dann schon strafrechtlich bewehrt (vgl. Steinke 2012, S. 40ff.). Doch realpolitisch scheiterte der erste Versuch der Etablierung einer internationalen Friedensordnung an der Halbherzigkeit der dominanten Mächte, aber auch am Zerbröseln der Solidarität demokratischer Staaten.

3   Die UN-Charta und das Paradigma rechtserhaltender Gewalt

Die Charta der Vereinten Nationen von 1945 brachte normativ dann den Durchbruch für eine rigide Beschränkung des Einsatzes von Gewalt als Mittel der Politik. Mit dem Gewaltverbot des Art. 2 (4) der Satzung der Vereinten Nationen (UN-Charta) und dem System der kollektiven Sicherheit des Kapitel VII der UN-Charta wurde die Ächtung des Krieges als Grundregel der modernen Völkerrechtsordnung positivrechtlich verankert. Das Gewaltverbot der UN-Charta ist damit aus dem Zusammenhang der alten Begründungsformen der Lehre vom gerechten Krieg herausgelöst und normativ verselbständigt worden. Die Verschriftlichung in einem allseits akzeptierten Normtext ist juristisch folgenreich. Der Normtext des Art. 2 (4) UN-Charta, der über Jahrzehnte völkerrechtlicher Praxis und Rechtsprechung sowie eine überaus umfangreiche völkerrechtswissenschaftliche Dogmatik operationalisiert wurde, ist zum zentralen Bezugspunkt aller juristischen Auseinandersetzungen zu Frieden und Sicherheit geworden (vgl. Heintschel von Heinegg 2014, S. 1062ff.; Bothe 2013, S. 578ff.; Dinstein 2011, S. 87ff.). Kern der juristischen Debatten um Frieden und Sicherheit sind die Ausnahmen vom (als absolut gedachten) Gewaltverbot der UN-Charta. Die Zwangsmaßnahmen des Sicherheitsrates nach Kapitel VII der UN-Charta und – als Notrecht – das Recht der individuellen und kollektiven Selbstverteidigung bilden die beiden systemisch noch zugelassenen Ausnahmen vom Gewaltverbot (vgl. Heintschel von Heinegg 2014, S. 1077ff.).

Das Gewaltverbot des Art. 2 (4) UN-Charta ist konstruktiv deutlich enger gefasst als die Gewaltrechtfertigungen in der alten Lehre vom gerechten Krieg. Seit 1945 dient der Rückgriff auf Kategorien des *bellum iustum* in der völkerrechtlichen Literatur (vor allem US-amerikanischer Provenienz) folglich eher dazu, die rigide Gewaltbeschränkung des Art. 2 (4) UN-Charta zu überspielen als Gewalt in den internationalen Beziehungen weiter einzugrenzen (vgl. Rengger 2013, S. 283ff.; Shearer 2007, S. 1ff.; Karoubi 2004, S. 121ff.). Besonders deutlich zeigt dies die Diskussion um die sogenannte humanitäre Intervention, womit die unilaterale militärische Intervention ohne Ermächtigung des Sicherheitsrates unter Verweis auf humanitäre Notlagen gemeint ist (Bothe 2013, S. 591ff.; Gray 2008, S. 33ff.). Dieses Rechtfertigungsnarrativ, dessen Rechtmäßigkeit immer zutiefst umstritten geblieben ist, wird in der neueren Praxis durch das Rechtsinstitut der *Responsibility to Protect* überlagert, der jedoch nach weithin geteilter Auffassung keine Berechtigung zu einseitigem militärischen Eingreifen innewohnt (vgl. Hilpold 2013, S. 105ff.).

Das Völkerrecht hat also seit 1945 eine starke Eigendynamik gewonnen und sich normativ in gewissem Umfang von den gemeinsamen Wurzeln der scholastischen Moraltheologie und des frühneuzeitlichen Vernunftrechts entkoppelt. Für den Bereich des Friedenssicherungsrechts, geprägt durch das Gewaltverbot des Art. 2 (4) UN-Charta und das System der kollektiven Sicherheit des Kapitels VII der UN-Charta, bedeutet diese Entwicklung den endgültigen Durchbruch des Konzepts der rechtserhaltenden Gewalt. Art. 2 (4) UN-Charta verbietet grundsätzlich jede Form der Durchsetzung staatlicher Interessen über die Anwendung militärischer Gewaltmittel in den internationalen Beziehungen (vgl. Bothe 2013, S. 580ff.). Dies beinhaltet – zumindest auf normativer Ebene – eine radikale Abkehr vom freien Kriegführungsrecht des klassischen Völkerrechts (vgl. Annan 2014, 85 ff.). Seit 1945 ist die „Aggression", also der offene Gewaltakt gegen andere, als Verbrechen gebrandmarkt, was mittlerweile kodifiziert ist in Art. 5 (1) (d) des Römischen Statuts, also des Statuts des Internationalen Strafgerichtshofes (vgl. Kreß 2017, S. 1ff.). Die verbotene Gewalt umfasst jede Anwendung militärischer Gewaltmittel gegen dritte Staaten, im neueren Verständnis auch physische Zerstörungsakte, deren Auswirkungen denen militärischer Angriffe vergleichbar sind (vgl. Ruys 2014, 159ff.; Randelzhofer und Dörr 2012, S. 208ff.) – so etwa diskutiert für das Szenario des *Cyberwar* (vgl. Schmitt 2013, S. 42ff.). Das Gewaltverbot ist mittlerweile nicht mehr allein vertraglicher Natur, sondern als fundamentale Norm des Völkergewohnheitsrechts Bestandteil des sogenannten *ius cogens* (vgl. Randelzhofer und Dörr 2012, S. 229ff.; Dinstein 2011, S. 104ff.). Systematisch geächtet ist dementsprechend auch der gewaltsame Gebietserwerb, die Annexion. Der Gebietstitel ist in diesen Fällen – da auf einem Verstoß gegen das *ius cogens* beruhend – generell nicht anerkennungsfähig (vgl. Turns 2003, S. 105ff.).

Gegen völkerrechtswidrige Gewaltakte steht dem Angriffsopfer als dezentrale Notbefugnis das Recht der Selbstverteidigung zu. Allgemein wird davon ausgegangen, dass dieses Recht als elementarer Rechtsgrundsatz unabhängig von der Positivierung der Charta besteht (vgl. Heintschel von Heinegg 2014, S. 1079f.; Dinstein 2011, S. 187ff.). Es berechtigt den Angegriffenen, mittels militärischer Gewaltmittel den Angriff abzuwehren und die vom Angreifer ausgehende Gefahr zu neutralisieren, eingehegt durch das Erfordernis der Verhältnismäßigkeit der angewandten Gegengewalt (vgl. Randelzhofer und Nolte 2012, S. 1425ff.; Greenwood 2017, S. 1129ff.). Voraussetzung der Selbstverteidigungslage ist nach

Art. 51 UN-Charta das Vorliegen eines „bewaffneten Angriffs".
Umstritten bleibt vor allem, ob ein „bewaffneter Angriff" im
Sinne des Art. 51 UN-Charta auch von nichtstaatlichen Akteuren
ausgehen kann (diskutiert etwa für Al Qaida in Afghanistan und
ISIL in Syrien/Irak). Nähme man dies an, wären Selbstvertei-
digungshandlungen gegen diese Organisationen auch auf dem
Gebiet fremder Staaten zulässig (vgl. Randelzhofer und Nolte
2012, S. 1414ff.; Dinstein 2011, S. 224ff.; Gray 2008, S. 132ff.; Tams
2009, S. 359ff.). Die Selbstverteidigung kann individuell vom angegriffenen Staat geübt werden; dieser kann sich aber auch – im
Rahmen der kollektiven Selbstverteidigung – des Beistands anderer
Staaten vergewissern, die ihm dann militärisch als Streithelfer
zur Seite stehen (vgl. Heintschel von Heinegg 2014, S. 1089f.; Gray
2008, 167ff.). Zum Ausdruck kommt in dieser Befugnis der alte
Gedanke der kollektiven Sicherheit (vgl. Wood 2015, S. 649ff.).
Rüstungswettläufe und Eskalationsspiralen wechselseitiger Bedrohung sind nur zu durchbrechen, wenn sich der einzelne Staat
auf die Solidarität einer Vielzahl von Bundesgenossen verlassen
kann, die ihm für den Ernstfall solidarischen Beistand, im Sinne
der kollektiven Selbstverteidigung, versprechen. Institutionalisiert ist dieser Gedanke wechselseitigen Beistands in Bündnissen
kollektiver Selbstverteidigung (wie etwa der NATO), über deren
Beistandsklauseln im Bündnisfall militärische Unterstützung
abgerufen werden kann.

4 Politik und Recht: Kollektive Sicherheit und die Praxis des UN-Sicherheitsrates

Idealtypisch verwirklicht ist der Gedanke der gegenseitigen kollektiven Sicherheit im System des Kapitel VII der UN-Charta (vgl. Wood
2015, S. 649ff.). Da alle anerkannten Staaten der Welt Mitglieder

der Vereinten Nationen sind, vermittelt das UN-System kollektiver Sicherheit nicht – wie Bündnisse kollektiver Selbstverteidigung – Schutz gegen Bedrohungen von außen, also durch Drittstaaten außerhalb des Systems, sondern soll kollektives Handeln gegen Friedensbrüche beziehungsweise Friedensbedrohungen von innen gewährleisten, also eines Mitgliedstaates gegen einen anderen. Der rechtstreue Staat soll sich auf Beistand der Solidargemeinschaft verlassen können, der Aggressor soll durch gemeinsames Handeln der Staatengemeinschaft in die Schranken gewiesen werden. In einer institutionellen Perspektive ist ein Friedenssystem mit um-fassender Gewaltächtung nur auf der Basis eines solchen Systems kollektiver Sicherheit zu erreichen (vgl. Henderson 2013, S. 120ff.). Dem entspricht im Ansatz die Befugnis des Sicherheitsrates, bei Angriffshandlungen, Friedensbrüchen oder Friedensbedrohungen unter den Maßgaben des Kapitel VII der UN-Charta Zwangsmaß-nahmen zu verhängen (vgl. Bothe 2013, S. 606ff.).

Voraussetzung solcher Zwangsmaßnahmen ist – so ausdrück-lich Art. 39 UN-Charta – eine „Bedrohung des Friedens", wenn nicht gar ein Friedensbruch oder eine Aggressionshandlung. Was eine relevante Friedensbedrohung im Sinne des Art. 39 darstellen kann, bleibt in der Charta recht offen (vgl. Bothe 2013, S. 606ff.). Der Sicherheitsrat interpretiert diesen Begriff in seiner Praxis sehr großzügig (vgl. Katz Cogan 2015, S. 324ff.) und hat ihn auch auf massive Gewaltphänomene im Gefolge rein interner Konflikte erstreckt, lässt die Gefahr massiver Flüchtlingsströme, die Bedro-hung benachbarter Staaten durch *spill over*-Effekte eskalierender Bürgerkriege oder die Begehung erheblicher Kriegsverbrechen oder Verbrechen gegen die Menschlichkeit ausreichen (vgl. Krisch 2012, S. 1241ff.). Bei Konsens des Sicherheitsrates ist damit in der neueren Praxis auch eine „humanitäre Intervention" in internen Konflikten möglich, eine entsprechende Mandatierung nach Kapitel VII vorausgesetzt. In der jüngsten Praxis neigt der Sicherheitsrat dabei zu einer systematischen Verknüpfung mit der *Responsibility to Protect* (vgl. Komp 2013, S. 315ff.).

Die rechtlichen Voraussetzungen kollektiver Zwangsmaßnahmen sind also sowohl inhaltlich (Art. 39 UN-Charta) wie prozedural (Mehrheitsentscheidung im Sicherheitsrat, ohne Veto eines der fünf ständigen Mitglieder) recht klar vorgezeichnet. Kaum rechtlich präjudiziert ist der Sicherheitsrat jedoch in seiner materiellen Entscheidung, ob überhaupt und wie er in Situationen der Friedensbedrohung oder des Friedensbruches durch Einsatz von Machtmitteln tätig werden will. Das Recht spielt hier die Entscheidung im Kern zurück in den Bereich des Politischen. Dafür gibt es eine Reihe von guten Gründen – Eskalationspotenzial bei Majorisierung zentraler Groß- und Nuklearmächte, Unsicherheiten über die Frage, wann eine externe Intervention in einen Konflikt sinnvoll zur Eindämmung des Konfliktes beitragen kann, auch die oft fehlende Bereitschaft der einschlägigen Militärmächte, Truppen und Gerät für eine Intervention zur Verfügung zu stellen. Doch führt die Verlagerung der Entscheidung in den Bereich des rein Politischen zu einer Schwachstelle im normativen System (vgl. Johnstone 2015, S. 227 ff.; Oeter 2015, S. 359ff.).

Es ergibt sicherlich Sinn, die Gewährleistung der kollektiven Sicherheit in die Hände eines relativ kleinen und damit handlungsfähigen Sonderorgans zu legen, in dem vor allem die zentralen Militärmächte der Welt als ständige Mitglieder am Entscheidungsprozess maßgeblich beteiligt sind – diese müssen letztlich im Kern die militärischen Ressourcen stellen. Das uneingeschränkte Vetorecht der *Permanent Five* (P5) schafft allerdings eine privilegierte Sonderstellung der Siegermächte des Zweiten Weltkrieges, die leicht zu einer permanenten Blockadesituation führt (vgl. Johnstone 2015, S. 227ff.). Die Großmächte können sich (und ihre Klientel) auf dieser Basis gegen die Wirkungen des Systems kollektiver Sicherheit abschirmen, was als Konsequenz erhebliche Defizite im

System kollektiver Sicherheit hervorruft (vgl. Thakur 2015, S. 179ff.; O'Connell 2005, S. 47ff.). So sehr das System auf die P5 angewiesen ist, so sehr stellen diese zugleich die zentrale Bedrohung kollektiver Sicherheit dar (vgl. Oeter 2015, S. 366ff.). Die Angewiesenheit des Systems auf die Ressourcen der Regional- und Großmächte drückt sich in der Praxis der Mandatierung von Regionalorganisation oder sogenannten *Coalitions of the Willing* zur Durchführung militärischer Zwangsmaßnahmen aus (vgl. Blokker 2015, S. 202ff.). Entgegen den Vorgaben der UN-Charta haben es die Staaten bis heute vermieden, die Vereinten Nationen mit zureichenden eigenen Ressourcen militärischer Art auszustatten. Folge davon ist die Notwendigkeit für die UN, bei jedem neuen *Peacekeeping*-Mandat hausieren zu gehen, um genügend Truppen, Militärmaterial und Finanzen für die Erfüllung des Mandats einzusammeln – eine Zwangslage, die regelmäßig zu struktureller Unterfinanzierung und Unterausstattung der UN-Friedensmissionen führt, was diese in der Folge daran hindert, ihre Mandate angemessen auszufüllen (vgl. Nollkaemper 2015, S. 437ff.).

Kollektive Sicherheit ist aber auf die (verlässliche) Solidarität der Glieder der Gemeinschaft angewiesen, bei Friedensbruch oder massiver Bedrohung dem Opfer der (rechtswidrigen) Gewalt zur Seite zu stehen. Kann der einzelne Staat sich nicht wirklich auf die Solidarität der Anderen verlassen, so bleibt der einzelne Staat darauf angewiesen, sich selbst zu verteidigen oder Beistand über Bündnissysteme zu organisieren. Mangels verlässlicher Mechanismen kollektiver Sicherheit tendieren Staaten dann dazu, die Grenzen unilateraler Gewaltanwendung zu dehnen – besonders sichtbar in den Fällen der Reaktion auf Angriffe nicht-staatlicher Akteure und im Kontext humanitärer Interventionen. Amerikanische Kollegen haben dies jüngst in das Bild zweier konkurrierender Codes der Gewaltanwendung gebracht (man könnte auch von Narrativen sprechen) – eines *Institutional Code*, der die unilaterale

Anwendung von Gewalt möglichst einzugrenzen und institutionell unter Kontrolle zu stellen sucht, und eines *State Code*, der die elementaren Sicherheitsinteressen der Staaten widerspiegelt und in dessen Kontext Staaten darauf beharren, bei elementarer Bedrohungslage auch unilateral handeln zu können (vgl. Hakimi und Katz Cogan 2016, 257ff.). Das Zusammenspiel dieser Codes oder Narrative ist im Kern nicht durch Recht gesteuert, wird auch nur schwer zugunsten eines rechtsförmigen, institutionell gerahmten Entscheidungsmodus aufzulösen sein, solange sich Staaten im Bedrohungsfall nicht konsequent auf die Solidarität der anderen Staaten verlassen können.

Gleichwohl ist dem System der kollektiven Sicherheit der UN-Charta ein gewisser Erfolg nicht abzusprechen. Der zwischenstaatliche Konflikt ist ein in der Gesamtbilanz eher seltenes Phänomen geworden. Das Gewaltpotenzial, das die Staatengemeinschaft tagtäglich beschäftigt, ist weniger im klassischen „Krieg" zwischen Staaten zu finden, sondern eher in den vielfältigen Formen der innerstaatlichen Konflikte, die den Löwenanteil der bewaffneten Konflikte seit 1945 ausmachen (vgl. Kalyvas 2011, S. 202ff.). Die von diesen Konflikten verursachten Verluste an Menschenleben und Sachwerten, aber auch die Vertreibungen und Fluchtbewegungen, die unzählige Menschen ihrer Heimat berauben, sind enorm. In der Konsequenz beschäftigt die Frage nach dem angemessenen Umgang mit innerstaatlichen Konflikten die Staatengemeinschaft in besonderem Maße. Ein Großteil der *Peacekeeping*-Missionen und Zwangsmaßnahmen unter Kapitel VII erfolgt in Reaktion auf solche eskalierenden internen Konflikte.

5   Humanitäres Völkerrecht und die Eigenlogik des Militärischen

Vergleichbare Probleme der normativen Unbestimmtheit und der defizitären Institutionalisierung stellen sich im Blick auf Fragen der rechtlichen Einhegung der Konfliktführung. Mit dem *Law of Armed Conflict* beziehungsweise Humanitären Völkerrecht hat die Menschheit über einen längeren Prozess einen ausgefeilten Komplex gewohnheitsrechtlicher und vertraglicher Normen entwickelt, der in der neueren Entwicklung starke Konvergenz zum internationalen Menschenrechtsschutz aufweist (vgl. Gowlland-Debbas und Gaggioli 2013, S. 77ff.).

Der ideengeschichtliche Urgrund dieser Regeln liegt – wie der des Friedenssicherungsrechts – in der *bellum iustum*-Lehre der scholastischen Moraltheologie (vgl. O'Connell 2013, S. 18). Allerdings hat sich das Kampfführungsrecht in einem jahrhundertelangen Prozess der Herausbildung gewohnheitsrechtlicher Regeln von der Lehre vom gerechten Krieg weitgehend abgelöst. Im Gegensatz zur Lehre vom gerechten Krieg ist die Rechtfertigung der Gewalthandlungen des einzelnen Teilnehmers an bewaffneten Konflikten im modernen Völkerrecht unabhängig von der normativen Bewertung der kollektiven Gewalthandlungen – so der Grundsatz der strikten Trennung der Maßstäbe von *ius contra bellum* und *ius in bello* (vgl. Okimoto 2015, S. 1209ff.). Aus friedensethischer Perspektive ist diese Trennung immer wieder angegriffen worden (vgl. McMahan 2009, S. 182 ff.). Aus der Perspektive des positiven Rechts ergibt sie allerdings Sinn, weil der einzelne Kombattant in der Regel zwangsweise zur Teilnahme am Konflikt gepresst wurde und von ihm eine eigenständige ethische Bewertung des kollektiven Handelns (und die konsequente Handlungsanleitung durch diese Bewertung) prinzipiell nicht erwartet werden kann. Das Humanitäre Völkerrecht, das seit 1945 eine starke Angleichung an die

Normlogik der Menschenrechte erfahren hat, stellt daher eigene
Maßstäbe auf für das Gewalthandeln im bewaffneten Konflikt (vgl.
Bothe 2013, S. 618ff.). Zentrale Normenkomplexe dieses Bereichs
finden sich vor allem in den vier Genfer Rotkreuzkonventionen
von 1949 und den beiden Zusatzprotokollen von 1977 (vgl. Geiß
u. a. 2017). Gegenstand dieser Regelungen ist der Schutz verschie-
dener Opfergruppen, die in besonderem Maße den Gefahren des
bewaffneten Konflikts ausgesetzt sind (vgl. Bothe 2013, S. 633ff.).

Der systematische Ausgangspunkt der Regelungen zum Schutz
der Zivilbevölkerung ist das Unterscheidungsgebot (vgl. Oeter
2013, S. 166ff.; Melzer 2014, S. 296f.). Nur Angriffe auf spezifische
militärische Ziele sind danach erlaubt. Angriffe auf die Zivil-
völkerung oder Angriffe, die aller Wahrscheinlichkeit nach die Zivilbevölkerung unverhältnismäßig beeinträchtigen, sind verboten.
Eine schwierige Problem- bzw. Grauzone bleibt hier im Blick auf
die Zulässigkeit sogenannter „Kollateralopfer", die in bestimmtem
Umfang erlaubt bleiben (vgl. Oeter 2013, S. 195ff.; Gillner und
Stümke 2014, S. 7ff.). Militärisch ist dies unvermeidbar, da sonst zu
starke Anreize für zynisch das Recht missachtende, ja missbrau-
chende Konfliktparteien bestünden, durch gezielte Vermischung
militärischer Ziele mit zivilen Objekten und der Zivilbevölkerung
die eigene militärische Infrastruktur gegen Angriffe zu immunisieren. In einer ethischen Perspektive bereitet der Grundsatz der
Hinnahme von (nicht exzessiven) Kollateralschäden jedoch vielfach
Bauchschmerzen, werden damit „unschuldige" Menschen doch
zum Objekt militärischer Kalküle gemacht, müssen im Ernstfall
ihr Leben aufopfern für Probleme bei der Trennung militärischer
Ziele und der Zivilbevölkerung. Auch operativ bereitet die Figur
der Hinnahme von „Kollateralschäden" massive Probleme, sind
doch an diesem Punkt die militärischen Entscheidungsträger
weitgehend vom Recht allein gelassen, ohne präzise rechtliche

Vorgaben, zurückgeworfen auf ihr Gewissen und Erfahrungswerte professioneller Ethik.

Gewalthandlungen, die den Maßstäben des Humanitären Völkerrechts entsprechen, sind rechtlich im Grundsatz erlaubt und einzelne Kombattanten dürfen für solche Handlungen nicht zur Rechenschaft gezogen werden – das sogenannte „Kombattantenprivileg" (vgl. Bothe 2013, S. 634). Exzesshandlungen unter Verletzung der Maßstäbe des Humanitären Völkerrechts sind dagegen als Kriegsverbrechen strafwürdig und auch Kombattanten können insoweit strafrechtlich belangt werden (vgl. Vöneky 2013, S. 661 ff.). Nach dem System der Genfer Konventionen trifft die Staaten im Prinzip sogar eine Verfolgungspflicht für „schwere Verstöße" (*Grave Breaches*). Weniger eindeutig ist die Rechtslage im nicht-internationalen Konflikt, der bislang nur recht rudimentär geregelt ist (vgl. Fleck 2013, S. 581 ff.). Grundlegende Maßstäbe ergeben sich hier vor allem aus dem gemeinsamen Artikel 3 der vier Genfer Rotkreuzkonventionen.

Insgesamt bleiben die genannten Regelwerke des Humanitären Völkerrechts sehr robust und lassen der Eigenlogik militärischen Handelns viel Raum. In einer rechtspolitischen Perspektive erweist sich dies als weitgehend alternativlos. Zu rigide Normierung hätte das Problem zur Folge, dass die rechtsloyale Konfliktpartei kaum noch angemessen auf systematische Rechtsbrüche nihilistischer Konfliktakteure antworten könnte. Um etwaige Asymmetrien in der Normbefolgung nicht ausufern zu lassen, bedarf es in den Grundstrukturen einer gewissen Robustheit des Rechts, das insoweit bewusst unpräzise bleibt (vgl. Hensel 2015, S. 153 ff.). Die so geschaffenen Flexibilitätsspielräume sind jedoch offen für Missbräuche und verweisen in der Ausfüllung auf das ethische Urteilsvermögen der handelnden Militärs – ein Grund, warum der ethischen Sensibilisierung der Militärs in der Offiziersausbildung ein hoher Stellenwert zukommen muss.

6   Ausblick: Verhältnis von Friedensethik und völkerrechtlicher Friedenssicherung

Das moderne Völkerrecht hat es im Verlaufe eines längeren Prozesses normativer Ausdifferenzierung geschafft, eine Entwicklung hin zu differenzierten und in Teilen auch recht ausgefeilten Regelungen des Einsatzes militärischer Gewalt zu durchlaufen. Die Regelungen sowohl des Friedenssicherungsrechts der UN-Charta wie des Humanitären Völkerrechts nehmen dabei Grundimpulse der Friedensethik auf und verarbeiten sie in einem eigenen System positivierter Rechtsnormen, wenn auch um den Preis einer gewissen Abkoppelung von den Begründungszusammenhängen der Friedensethik. In seinem normativen Selbststand lässt dieses Regelungssystem des positiven Völkerrechts nur noch wenige Fragen offen. In einer Gesamtbilanz lässt sich konstatieren, dass die Völkerrechtsordnung seit 1945 eine rasante normative Entwicklung erfahren hat und dass auf der inhaltlichen Ebene der materiellen Normen viel erreicht wurde. In starkem Maße notleidend bleibt dagegen die institutionell gestützte Umsetzung dieser Normen. Im Friedenssicherungsrecht mit seinem System der kollektiven Sicherheit unter der UN-Charta sind die Defizite vor allem mit der institutionellen Architektur des Sicherheitsrates verknüpft. Das System ist elementar angewiesen auf die großen Militärmächte, vermag zugleich aber keinen Schutz gegen die Bedrohung schwacher Staaten durch genau diese Großmächte zu gewähren. Der Gedanke der kollektiven Sicherheit ist hier nicht bis zum logischen Ende durchdekliniert, was dem System Züge der Halbherzigkeit verleiht. Es gibt zu viele blinde Flecken und schwarze Löcher der Rechtsbindung, um sich voll auf das Paradigma des *Peace through Law* verlassen zu können. Zwar ist das Prinzip rechtserhaltender Gewalt zentraler Baustein der modernen Friedensordnung – ohne sie wäre im dezentralen System einzelstaatlicher Sicherheitsgewährleistung mit aufrechterhaltenem Monopol der Staaten über die militärischen Machtmittel so etwas wie effektive Rechtswahrung nicht einmal ansatzweise zu gewährleisten. Die Halbherzigkeiten des Systems kollektiver Sicherheit führen aber dazu, dass der einzelne Staat sich nicht nachhaltig auf die Wahrung des Rechts über kollektiven Einsatz rechtserhaltender Gewalt verlassen kann. Es bedarf nach wie vor der einzelstaatlichen Sicherheitsvorkehr, ergänzt durch glaubhafte Gefüge kollektiver Beistandspflichten, wie sie Sicherheitsbündnisse wie die NATO zur Verfügung stellen. Ein unbedingtes Vertrauen auf das Versprechen kollektiver Sicherheit im System der UN wäre fahrlässig, hätte die Rechnung ohne den Wirt (die Konstruktion des Sicherheitsrates mit ihren blinden Flecken) gemacht.

Vergleichbare Probleme stellen sich im Blick auf die Regelungen des Humanitären Völkerrechts. So sachangemessen diese im Detail auch sein mögen – die Umsetzung dieser Regelungen im politischen und militärischen Alltag der gewaltsamen Konfliktaustragung ist zutiefst defizitär. Dies hängt zum Teil daran, dass die Staaten weithin nicht gewillt sind, sich in diesem sensiblen Bereich, der aus Sicht der Bewahrung von Souveränität besonders heikel erscheint, einschneidenden Formen institutionell abgestützter Kontrolle der Normdurchsetzung zu unterwerfen. Besondere Probleme bereiten hier die endemischen Probleme der innerstaatlichen Konflikte, in denen regelmäßig wild zusammengewürfelte Gewaltorganisationen nichtstaatlichen Charakters, für die kaum Anreize der Normbefolgung bestehen, regulären Gewaltapparaten repressiver Regime gegenüberstehen, die ihrerseits wenig Neigung zeigen, ihr Handeln an den Normen des Humanitären Völkerrechts zu orientieren. Es ist insofern wenig erstaunlich, dass aus der Sicht des Internationalen Komitees vom Roten Kreuz (IKRK), als des Bewahrers der Grundsätze des Humanitären Völkerrechts, der Schwerpunkt weiterer normativer Arbeit auf verbesserten Mechanismen der

Umsetzung des Humanitären Völkerrechts zu liegen hat – eine Zielrichtung, der sich die Staaten jedoch verweigern.

Die Bilanz dieser Bestandsaufnahme normativer Entwicklungen hin zu einem System rechtserhaltender Gewalt ist ernüchternd. Friedenssicherungsrecht wie Humanitäres Völkerrecht müssen systemlogisch, in der Logik der Koppelung mit den Sphären der Politik und des Militärs, an zentralen Stellen unbestimmt bleiben. Das Recht als Mittel der Gewalteinhegung, das in sich Imperative der Friedensethik operationalisiert, kann insoweit Kategorien der Friedensethik nicht vollständig ersetzen. Das Recht stabilisiert Verhaltenserwartungen auf einer eher pragmatischen Ebene, kann aber – angesichts der defizitären Institutionalisierung der internationalen Gemeinschaft – politisches Handeln nur unzureichend steuern. Politisches Handeln im Rahmen des Rechts bleibt unterdeterminiert, bedarf im Kern der Entscheidung nach Kriterien politischer Klugheit – und der ergänzenden Steuerung durch ethische Imperative. Ein zentrales Desiderat ethischer Entscheidungskriterien bleibt dabei die Notwendigkeit solidarischen Kollektivhandelns im System kollektiver Sicherheit, unter Einschluss des Einsatzes militärischer Machtmittel zur Durchsetzung des Rechts. Gerade weil die internationale Gemeinschaft über keine Monopolisierung der Machtmittel zu Händen globaler Institutionen verfügt, bleibt Friedenswahrung angewiesen auf die Solidarität der Staaten über Anwendung rechtserhaltender Gewalt.

Literatur

Annan, Kofi A. 2014. *We the Peoples. A UN for the 21st Century*. Boulder: Paradigm.

Blokker, Niels. 2015. Outsourcing the Use of Force: Towards More Security Council Control of Authorized Operations? In *The Oxford Handbook of the Use of Force in International Law*, hrsg. von Marc Weller, 202-226. Oxford: Oxford University Press.

Bothe, Michael. 2013. Friedenssicherung und Kriegsrecht. In *Völkerrecht*, hrsg. von Wolfgang Graf Vitzthum, 573-662. 6. Aufl. Berlin: De Gruyter.

Dinstein, Yoram. 2011. *War, Aggression and Self-Defence*. 5. Aufl. Cambridge: Cambridge University Press.

EKD. 2007. *Aus Gottes Frieden leben – für gerechten Frieden sorgen. Eine Denkschrift des Rates der Evangelischen Kirche in Deutschland*. Gütersloh: Gütersloher Verlagshaus.

Fleck, Dieter. 2013. The Law of Non-International Armed Conflict. In *The Handbook of International Humanitarian Law*, hrsg. von Dieter Fleck, 581-610. 3. Aufl. Oxford: Oxford University Press.

Geiß, Robin, Andreas Zimmermann und Stefanie Haumer (Hrsg.). 2017. *Humanizing the Laws of War. The Red Cross and the Development of International Humanitarian Law*. Cambridge: Cambridge University Press.

Gillner, Matthias und Volker Stümke (Hrsg.). 2014. *Kollateralopfer: Die Tötung von Unschuldigen als rechtliches und moralisches Problem*. Münster: Nomos/Baden-Baden: Aschendorff.

Gowlland-Debbas, Vera und Gloria Gaggioli. 2013. The Relationship between International Human Rights and Humanitarian Law: An Overview. In *Research Handbook on Human Rights and Humanitarian Law*, hrsg. von Robert Kolb und Gloria Gaggioli, 77-103. Cheltenham: Elgar.

Gray, Christine, 2008. *International Law and the Use of Force*. 3. Aufl. Oxford: Oxford University Press.

Greenwood, Christopher. 2017. Self-Defence. In *The Law of Armed Conflict and the Use of Force: The Max Planck Encyclopedia of Public International Law*. Bd. 2, hrsg. von Frauke Lachmann und Rüdiger Wolfrum, 1129-1139. Oxford: Oxford University Press.

Haggenmacher, Peter. 2011. Le modèle de Vattel et la discipline du droit international. In *Vattel's International Law in a XXIst Century Perspective*, hrsg. von Vincent Chetail und Peter Haggenmacher, 3-48. Leiden: Brill.

Hakimi, Monica und Jacob Katz Cogan. 2016. The Two Codes on the Use of Force. *European Journal of International Law* 27 (2): 257-291.

Heintschel von Heinegg, Wolff. 2014. Friedenssicherung und friedliche Streitbeilegung. In *Völkerrecht*, hrsg. von Knut Ipsen, 1055-1117. 6. Aufl. München: C. H. Beck.

Henderson, Christian. 2013. The Centrality of the United Nations Security Council in the Legal Regime Governing the Use of Force. In *Research Handbook on International Conflict and Security Law*, hrsg. von Nigel D. White und Christian Henderson, 120-169. Cheltenham: Elgar.

Hensel, Howard M. 2015. International Humanitarian Law. In *The Ashgate Research Companion to Military Ethics*, hrsg. von James Turner Johnson und Eric D. Patterson, 153-170. Farnham: Ashgate.

Hilpold, Peter. 2013. Schutzverantwortung und humanitäre Intervention in historischer Perspektive. In *Die Schutzverantwortung (R2P). Ein Paradigmenwechsel in der Entwicklung des internationalen Rechts?*, hrsg. von Peter Hilpold, 59-122. Leiden: Nijhoff.

Johnstone, Ian. 2015. When the Security Council is Divided: Imprecise Authorizations, Implied Mandates, and the Unreasonable Veto. In *The Oxford Handbook of the Use of Force in International Law*, hrsg. von Marc Weller, 227-250. Oxford: Oxford University Press.

Kalyvas, Stathis N. 2011. The Changing Character of Civil Wars, 1800-2009. In *The Changing Character of War*, hrsg. von Hew Strachan und Sibylle Scheipers, 202-219. Oxford: Oxford University Press.

Karoubi, Mohammad Taghi. 2004. *Just or Unjust War? International Law and Unilateral Use of Armed Force by States at the Turn of the 20th Century*. Burlington, VT: Ashgate.

Katz Cogan, Jacob. 2015. Stabilization and the Expanding Scope of the Security Council's Work. *American Journal of International Law* 109 (2): 324-339.

Komp, Lisa-Marie. 2013. How the Responsibility to Protect Influences the Security Council's Answers. Limits and Dynamic. *Journal of International Humanitarian Legal Studies* 4 (2): 315-353.

Kreß, Claus. 2017. Introduction: The Crime of Aggression and the International Legal Order. In *The Crime of Aggression*, hrsg. von Claus Kreß, Stefan Barriga und Dapo Akande, 1-18. Cambridge: Cambridge University Press.

Krisch, Nico. 2012. Introduction to Chapter VII: The General Framework. In *The Charter of the United Nations. A Commentary.* Vol. I, hrsg. von Bruno Simma, 1237-1271. 3. Aufl. Oxford: Oxford University Press.

McMahan, Jeff. 2009. *Killing in War.* Oxford: Oxford University Press.

Melzer, Nils. 2014. The Principle of Distinction Between Civilians and Combatants. In *The Oxford Handbook of International Law in Armed Conflict,* hrsg. von Andrew Clapham und Paola Gaeta, 296-331. Oxford: Oxford University Press.

Nollkaemper, André. 2015. "Failures to Protect" in International Law. In *The Oxford Handbook of the Use of Force in International Law,* hrsg. von Marc Weller, 437-461. Oxford: Oxford University Press.

O'Connell, Mary Ellen. 2005. The United Nations Security Council and the Authorization of Force: Renewing the Council Through Law Reform. In *The Security Council and the Use of Force: Theory and Reality – A Need for Change?,* hrsg. von Niels Blokker und Nico Schrijver, 47-63. Leiden: Nijhoff.

O'Connell, Mary Ellen. 2012. Peace and War. In *The Oxford Handbook of the History of International Law,* hrsg. von Bardo Fassbender und Anne Peters, 272-293. Oxford: Oxford University Press.

O'Connell, Mary Ellen. 2013. Historical Development and Legal Basis. In *The Handbook of International Humanitarian Law,* hrsg. von Dieter Fleck, 1-42. 3. Aufl. Oxford: Oxford University Press.

Oeter, Stefan. 2013. Methods and Means of Combat. In *The Handbook of International Humanitarian Law,* hrsg. von Dieter Fleck, 115-230. 3. Aufl. Oxford: Oxford University Press.

Oeter, Stefan. 2015. Krise der kollektiven Sicherheit? Überlegungen zum Sicherheitsrat, seinen Ständigen Mitgliedern und deren Versuchungen des „Exzeptionalismus". In *Gesellschaftliche Herausforderungen des Rechts. Gedächtnisschrift für Helmut Rittstieg,* hrsg. von Markus Krajewski, 359-378. Baden-Baden: Nomos.

Okimoto, Keiichiro. 2015. The Relationship Between Ius ad Bellum and Ius in Bello. In *The Oxford Handbook of the Use of Force in International Law,* hrsg. von Marc Weller, 1209-1223. Oxford: Oxford University Press.

Randelzhofer, Albrecht und Oliver Dörr. 2012. Article 2 (4). In *The Charter of the United Nations. A Commentary.* Vol I, hrsg. von Bruno Simma, 200-234. 3. Aufl. Oxford: Oxford University Press.

Randelzhofer, Albrecht und Georg Nolte. 2012. Article 51. In *The Charter of the United Nations. A Commentary*. Vol. II, hrsg. von Bruno Simma, 1396-1428. 3. Aufl. Oxford: Oxford University Press.

Rengger, Nicholas. 2013. The Wager Lost by Winning? On the "Triumph" of the Just War Tradition. In *Just War: Authority, Tradition and Practice*, hrsg. von Anthony F. Lang und Cian O'Driscoll, 283-298. Washington, D.C.: Georgetown University Press.

Roscher, Bernhard. 2004. *Der Briand-Kellogg-Pakt von 1928*. Baden-Baden: Nomos.

Ruys, Tom. 2014. The Meaning of "Force" and the Boundaries of the *Jus Ad Bellum*: Are "Minimal" Uses of Force excluded from UN Charter Article 2(4)? *American Journal of International Law* 108 (2): 159-210.

Schmidt, Peter. 2010. *Bellum iustum: Gerechter Krieg und Völkerrecht in Geschichte und Gegenwart*. Diss. Frankfurt a. M.

Schmitt, Michael N. (Hrsg.). 2013. *Tallinn Manual on the International Law Applicable to Cyber Warfare*. Cambridge: Cambridge University Press.

Shearer, Ivan A. 2007. A Revival of Just War Theory? In *International Law and Armed Conflicts: Exploring the Faultlines. Essays in Honour of Yoram Dinstein*, hrsg. von Michael N. Schmitt und Jelena Pejic, 1-20. Leiden: Nijhoff.

Steinke, Ronen. 2012. *The Politics of International Criminal Justice: German Perspectives from Nuremberg to The Hague*. Oxford: Hart.

Tams, Christian J. 2009. The Use of Force against Terrorists. *European Journal of International Law* 20 (2): 359-397.

Thakur, Ramesh. 2015. The Development and Evolution of R2P as International Policy. *Global Policy* 6 (3): 190-200.

Turns, David. 2003. The Stimson Doctrine of Non-Recognition. *Chinese Journal of International Law* 2 (1): 105-143.

Vöneky, Silja. 2013. Implementation and Enforcement of International Humanitarian Law. In *The Handbook of International Humanitarian Law*, hrsg. von Dieter Fleck, 647-699. 3. Aufl. Oxford: Oxford University Press.

Willoweit, Dietmar. 2013. *Reich und Staat: Eine kleine deutsche Verfassungsgeschichte*. München: C. H. Beck.

Witte, John, Jr. 2002. *Law and Protestantism. The Legal Teachings of the Lutheran Reformation*. Cambridge: Cambridge University Press.

Wood, Sir Michael. 2015. Self-Defence and Collective Security: Key Distinctions. In *The Oxford Handbook of the Use of Force in International Law*, hrsg. von Marc Weller, 649-660. Oxford: Oxford University Press.

Grenzenloses Recht?
Ein Ausblick zur friedensethischen Bedeutung des biblischen und kirchlichen Rechtsverständnisses

Arnulf von Scheliha

1   Die Friedensethik und das Recht

Die EKD-Friedensdenkschrift „Aus Gottes Frieden leben – für gerechten Frieden sorgen" von 2007 ist der Ausgangspunkt für die in diesem Band vorgelegten Studien zum Recht in der Bibel und in den kirchlichen Traditionen. In jenem Dokument, das als sozialethisch-konzeptioneller Gipfelpunkt derjenigen Periode gelten kann, in der Wolfgang Huber Vorsitzender des Rates der Evangelischen Kirche in Deutschland war (2003–2009), erfährt die evangelische Friedensethik eine rechtsethische Zuspitzung. Darin bündelt sich ein jahrzehntelanges Bemühen um eine ethische Begründung des freiheitlichen Rechts aus der Perspektive der evangelischen Theologie, indem am Leitfaden des Begriffs der Gerechtigkeit biblisch-eschatologische Motive und Einsichten der modernen Naturrechtsdiskussion, insbesondere des Menschenrechtsdenkens, zusammengeführt werden. Diese Fokussierung auf die Rechtsethik ist Ausdruck einer spezifischen Modernitätserfahrung. Im klassischen Protestantismus gehörten die Auslegung des Naturrechts und die Rechtsetzung zur Aufgabe der von Gott

© Springer Fachmedien Wiesbaden GmbH, ein Teil von Springer Nature 2018
S. Jäger und A. von Scheliha (Hrsg.), *Recht in der Bibel und in kirchlichen Traditionen*, Gerechter Frieden, https://doi.org/10.1007/978-3-658-20937-7_6

verordneten Obrigkeit und die Rechtsloyalität war in der Gehorsamspflicht der Untertanen inbegriffen. Das moderne Recht
fordert indes eine eigene Rechtsethik, weil der weltanschauliche
Pluralismus rechtspolitische Gestaltungsspielräume ermöglicht,
Freiheitskollisionen ausgeräumt und die Kontroversen über ethische Grenzfragen politisch entschieden werden müssen. Man
kann auch sagen: Je stärker traditionale Ordnungsstrukturen, zu
denen auch die christlichen Kirchen und ihre Sitten gehörten, in
der modernen Gesellschaft zurückgebaut werden, desto massiver
wird der rechtliche Regelungsbedarf, der durch die staatlichen
Ebenen wahrgenommen wird. Es ist daher nachvollziehbar, wenn
Theologie und Kirche die Rechtsethik als Mittel zur Durchsetzung der sittlichen Tradition des Christentums verstehen und
sich durch rechtspolitische Partizipation Einfluss sichern. Unter
den namhaften Theologen, die auf diesem Gebiet in den letzten
20 Jahren gearbeitet haben, sind Wolfgang Huber (2006), Eilert
Herms (2008), Hartmut Kreß (2012) und Hans-Richard Reuter
(2013) zu nennen (vgl. auch den instruktiven Sammelband von
Torsten Meireis 2012).

Die in diesem Band versammelten Beiträge tragen zur Verbreiterung des rechtsethischen Fundamentes der Friedensethik bei.
Biblisch-theologische und reformationsgeschichtliche Erwägungen
werden vorgelegt. Die vom Naturrecht beziehungsweise vom Konzept der autonomen Moral aus argumentierende römisch-katholische Friedensethik wird herangezogen. Schließlich wird ein Blick
auf die normative Weiterentwicklung des modernen Völkerrechts
geworfen, in das – in säkularer Gestalt – wesentliche Grundeinsich-
ten der friedensethischen Tradition des Christentums eingegangen
sein dürften. Diese Beiträge werden hier kurz vorgestellt (2.). Die
Arbeiten an der Verbreiterung des rechtsethischen Fundaments der
Friedensethik lassen auch die Grenzen des Rechts deutlich werden.
(3.) Daran anknüpfend werden abschließend einige Überlegungen

einerseits die güterethische Grundintention des Rechtsgedankens aufgegriffen, andererseits wird im Zuge der Radikalisierung der Bewegung zugunsten der Durchsetzung von Gerechtigkeit die reformatorische Lehre von den zwei Regierweisen Gottes unterlaufen.

Der römisch-katholische Sozialethiker Thomas Hoppe hebt die Bedeutung des Naturrechtes in der römisch-katholischen Friedensethik und für das moderne Rechtsdenken hervor. Quelle der katholischen Rechtsethik ist das Naturrechtskonzept, wie es sich in der griechisch-römischen Philosophie findet und das insbesondere im scholastischen Denken aufgegriffen und weiterentwickelt wurde. Dieses Konzept bietet die Möglichkeit, zwischen ethischen Überzeugungen, die in biblischen Texten ihren Niederschlag gefunden haben, und anderen, die außerhalb dieser Tradition entstanden sind, zu vermitteln. Dadurch konnte in allen Epochen des Christentums ein Brückenschlag zu nichtchristlichem beziehungsweise nichttheologischem Denken vor allem im Bereich der Politischen Ethik getätigt werden. Methodisch und inhaltlich entscheidend ist die wechselseitige Übersetzungsleistung: Naturrecht muss als Vernunftrecht übersetzt werden, theologische Überzeugungen werden durch die Begegnung mit dem Naturrecht rationalisiert. Naturrechtsfragen sind durch Argumente zu klären, die auf philosophischer Grundlage aufruhen und von allen Beteiligten verlangen, auf dieser Ebene die Suche nach allgemeinen Rechtsnormen zu betreiben. Auf dieser grundlegenden erkenntnistheoretischen Position, die zugleich den Anspruch des naturrechtlichen Diskurses auf wissenschaftliche Dignität zur Geltung bringt, beruht das gegenwärtig in der römisch-katholischen Tradition favorisierte Konzept der autonomen Moral. Dadurch ergibt sich die sachliche Vorordnung der Rechtsethik vor jeglicher positivierter Normenordnung. Sie fungiert als „kritisch-korrektivischer Maßstab" für die Beurteilung jeder gegebenen Ordnung als Ganzer oder ihrer Einzelbestimmungen. Daraus folgt ein rechtsethischer Ansatz, der getragen ist von dem Grundgedanken, dass der Weg zur Findung des richtigen Rechtes auf eine ständige Überprüfung des geltenden Rechts am Maßstab der Menschenwürde und den als Grundrechte zu positivierenden Menschenrechten angewiesen ist. Eine solche Konzeption ist nicht mehr konfessionell-partikular orientiert, vielmehr intendiert sie Universalität.

> „Unter der Leitperspektive des gerechten Friedens erscheint dies unerlässlich, denn dieses friedensethische Konzept sprengt selbst zwangsläufig die Grenzen der Denkvoraussetzungen einer partikularen Tradition. Soll eine globale Friedensordnung auf das Recht als eines ihrer wesentlichen Fundamente bauen können, so kann es sich nur um ein Recht handeln, dessen inhaltliche Normen begründet und nachvollziehbar erscheinen, nicht aber als in vielen Kulturen als gewaltsam empfundener Oktroi. Zur Rationalität der Rechtsethik gehört untrennbar die Überzeugung, dass Recht tragfähig wird, wenn seine Geltungsgründe überzeugen, und nicht nur, wenn es die Macht hatte, sich faktisch durchzusetzen. Dies ist zugleich eine der wichtigsten Voraussetzungen dafür, dass Recht dem ethischen Anspruch, dem *Humanum* zu dienen und es zu schützen, gerecht zu werden vermag." (Beitrag Hoppe in diesem Band, S. 93).

Welche Instanzen beziehungsweise Institutionen vermögen es, einem solchen Gefüge Durchsetzung und Rechtskraft zu verleihen?

Der evangelische Theologe und Alttestamentler Frank Crüsemann schließt in seiner Besinnung auf das biblische Rechtsverständnis eine Lücke in der EKD-Friedensdenkschrift. Dafür verlässt er die klassisch-reformatorische an der Unterscheidung von „Gesetz und Evangelium" orientierte Bibelhermeneutik und verknüpft ausgehend von den bibelhermeneutischen Erträgen des christlich-jüdischen Dialogs die sogenannte kanonische mit der sozialgeschichtlichen Exegese. Ausgangspunkt ist die Tora, in der biblisches Recht ausformuliert wird. Am Sinai ergeht die Weisung Gottes an das durch den Exodus befreite Volk und greift zur Begründung auf die Erinnerung an diese Befreiung zurück. Sie tritt durch freiwillige Verpflichtung (Bundesschluss) in Kraft und wird zur Realisierung dem gesamten Volk übergeben. Die Rechtstexte der Tora verbinden drei Inhalte: Die theologischen Kerngebote Israels (insbesondere das erste und zweite Gebot), eine Sammlung konkreter Rechtssätze in altorientalischer Tradition sowie Schutzgebote für die sozial Schwächsten. Eigentliche, im Gericht anwendbare Rechtsregeln für Tötungs-, Körperverletzungs-, Eigentumsdelikte etc. werden damit genauso zu Gottesgeboten wie die religiösen Kerngebote. Weil sie aber naturgemäß auf die damaligen gesellschaftlichen Gegebenheiten bezogen sind und auf Einzelfälle angewendet werden müssen, setzen sie immer neue Interpretationen frei. Ihre Kombination mit den grundsätzlichen Schutzregeln für die Schwächsten machen letztere – in gewisser Analogie zu modernen Menschen- bzw. Grundrechten – zu Rechtsprinzipien, die die Auslegung und Anwendung normieren sollen. Das biblische Recht ist somit im interpretatorischen Fluss, weder starr und lebensfern noch fundamentalistisch.

Der Völkerrechtler Stefan Oeter verweist auf die wachsende Bedeutung des Völkerrechtes im 20. Jahrhundert, das sich von den theologischen Impulsen und dem frühneuzeitlichen Vernunftrecht weitgehend emanzipiert hat. Insbesondere nach 1945, mit der Gründung der Vereinten Nationen, weist die Entwicklung des Völkerrechtes eine starke Eigendynamik auf. Normativer Dreh- und Angelpunkt ist das Gewaltverbot des Art. 2 (4) UN-Charta. Das System der kollektiven Sicherheit des Kapitels VII der UN-Charta bedeutet den endgültigen Durchbruch des Konzepts der rechtserhaltenden Gewalt. Art. 2 (4) UN-Charta verbietet grundsätzlich jede Form der Durchsetzung staatlicher Interessen über die Anwendung militärischer Gewaltmittel in den internationalen Beziehungen. In normativer Hinsicht bedeutet das eine radikale Abkehr vom freien Kriegführungsrecht des klassischen Völkerrechts. Die verbotene

Gewalt umfasst jede Anwendung militärischer Gewaltmittel gegen dritte Staaten, dazu gehören neuerdings auch physische Zerstörungsakte, deren Auswirkungen denen militärischer Angriffe vergleichbar sind (*Cyberwar*) oder der gewaltsame Gebietserwerb (Annexion). Oeter konstatiert abschließend, dass das Regelungssystem des Völkerrechtes in normativer Hinsicht viel erreicht hat und nur wenige Fragen offen lässt. Das ist in friedensethischer Hinsicht sehr erfreulich und setzt einen Standard, der nicht mehr unterlaufen werden darf.

3 Die Grenzen des Rechts

Auf der Rückseite der Betonung der emanzipativen und pazifizierenden Bedeutung des Rechts und der kritisch-dynamischen Funktion der Rechtsethik werden auch die Grenzen des Rechts deutlich. Diesen Sachverhalt hebt Crüsemann in ganz grundsätzlicher Weise hervor, wenn er darauf verweist, dass im Alten Testament Gott und nicht der König als Gesetzgeber gilt. Indem die Tora von Gott gegeben ist, kann ihr ein freiheitlicher Sinn zugemessen werden, weil das göttliche Recht oberhalb des von Menschen gemachten Rechtes steht.[1] Weil das biblische Recht kein vom König oder Staat gesetztes Recht ist, sind Kritik am Staat und die Forderung nach Begrenzung seiner Macht integraler Bestandteil der Tora. Diese staatskritische Haltung findet sich auch in der prophetischen Tradition.

Diese Differenz wird in der Tradition der reformatorischen Lehre von den zwei Regierweisen Gottes aufgegriffen, aber anders gestaltet, insofern das Recht in dem im Gottesverhältnis fußenden

---

1 Eckart Otto (2004, S. 187) sieht darin einen Fußpunkt für die Entwicklung des Menschenrechtsdenkens.

Gewissen keine Rolle spielt beziehungsweise spielen darf. Das Gewissen ist gewissermaßen eine rechtsfreie Zone. Der Verkehr des Christen mit Gott wird nicht am Paradigma von wechselseitigen Rechtspflichten gedacht, sondern als personales Verhältnis direkter Interaktion, die Gott gnadenhaft initiiert, auf die der Mensch im Glaube antwortet und die sich vorzüglich als Gebet gestaltet. Grund und Ziel des Gottesverhältnisses ist der Frieden der Seele, der jenseits des äußeren Friedens, für den die weltliche Obrigkeit zuständig ist, erreicht wird. Im klassischen Modell der Lehre von den zwei Regierweisen Gottes sind daher nur wenige Berührungspunkte der beiden Friedenssphären vorgesehen. Aber in dem Fall, dass die von Gott eingesetzte Obrigkeit ihrer Pflicht zur Herstellung und Bewahrung des rechtlichen Friedens nicht genügt und in Folge dadurch der Friede im Gewissen aufgehoben wird, sind – auf unterschiedlichen Eskalationsstufen – Formen des religiös motivierten Widerstandes gegen die Obrigkeit denkbar (vgl. Dörfler-Dierken 2015). Dieser bleibt freilich an die Gewissensentscheidung der Einzelnen gebunden und muss von diesen verantwortet werden.

Die Sphäre des „Jenseits des Rechtes" ist im römisch-katholischen Naturrechtsdenken vernunftrechtlich verfasst. Nach Thomas Hoppe ist das persönliche Gewissensurteil einerseits in einer unbedingten Weise sittlich verbindlich. Andererseits ist es bleibend auf dessen vernunftrechtlichen Referenzrahmen bezogen. Das Gewissen soll sich nicht gegen Einwände von außen immunisieren, sondern muss sein Urteil vernünftig darlegen, mit Anderen kommunizieren und verallgemeinern können. Dies gilt gerade deshalb, weil im Gewissen die Stimme Gottes vernommen werden könnte. Deswegen muss der leichtfertige Irrtum vermieden oder die Verwechslung mit bloß subjektiven Gewissheiten ausgeschlossen werden. Daher ist das Gewissen aufgerufen, sich mit anderen Positionen und ihren Gründen auseinanderzusetzen und den Abgleich zu suchen, um

Irrtümer und Fehlerquellen im moralischen Urteil auszuschlie-
ßen. Im Kern – und das ist der bleibende Unterschied zwischen
den konfessionellen Denkansätzen – ist in dieser Konzeption der
Einzelne im Gewissen nicht allein, sondern auf die allgemeine
Vernunft und damit auf das argumentierende Vernunftrecht verwiesen. Der Grenzverlauf zwischen Recht und Jenseits des Rechts
wird hier doch etwas anders gezogen als in der reformatorischen
Tradition. Aber gemeinsam ist beiden Traditionen, dass das Gewissen eine Instanz ist, die selbst nicht verrechtlicht werden kann:

> „Deswegen muss erwartet werden können, dass das solchermaßen
> überprüfte und erläuterungsfähige Gewissensurteil Respekt von
> Seiten Dritter erfährt, indem diese darauf verzichten, dem Han-
> delnden in psychischer oder physischer Weise Gewalt anzutun."
> (Beitrag Hoppe in diesem Band, S. 81).

Eine Grenze des Rechts anderer Art beschreibt Stefan Oeter in
völkerrechtlicher Perspektive. Denn so eindeutig die normativen
Bestimmungen des modernen Völkerrechtes sind, so „notleidend"
bleibt die institutionelle, politische und militärische Umsetzung.
Das Exekutionsdefizit des Völkerrechtes hängt wesentlich mit den
asymmetrischen Machtkonstellationen zusammen, die eine unterschiedlich ausgeprägte Rechtsbindung und Völkerrechtsloyalität
zur Folge hat. Daher bedarf es unterhalb der globalen Ordnung
einzelstaatlicher Sicherheitsvorkehrungen, bilateral beziehungsweise multilateral abgestützter Beistandspflichten und regionaler
Sicherheitsbündnisse wie zum Beispiel der NATO. Dadurch können
sich auf diesem Gebiet Völkerrechtskollisionen ergeben, die sich
auch auf das humanitäre Völkerrecht, ein wesentliches Thema der
Friedensethik, auswirken. Besondere Rechtsprobleme werfen die
innerstaatlichen Konflikte auf, in denen sich oftmals ungeordnete
Gewaltorganisationen gegenüberstehen, für die es wenig Anreize
zur Normbefolgung gibt und die wenig Sinn dafür ausbilden, das

gewaltsame Handeln am Humanitären Völkerrecht zu orientieren. Oeter verweist daher auf die bleibende Bedeutung friedensethischer Imperative, die auf die politische Umsetzung völkerrechtlicher Normen drängen.

> „Politisches Handeln im Rahmen des Rechts bleibt unterdetermi- niert, bedarf im Kern der Entscheidung nach Kriterien politischer Klugheit – und der ergänzenden Steuerung durch ethische Impe- rative." (Beitrag Oeter in diesem Band, S. 115).

Hier zeigt sich, dass die Ebene des Politischen friedensethisch künf- tig viel stärker berücksichtigt und ethisch bedacht werden muss.

4   Herausforderungen für die künftige Friedens- und Rechtsethik

Wie besonders in dem Beitrag von Stefan Oeter deutlich wird, ist die Anwendung der normativen Bestimmung des Völkerrechts abhängig von machtpolitischen Interpretationen, politischen Opportunitäten und institutionellen Gegebenheiten. Aber hierbei handelt es sich nicht einfach um Defizite, sondern vielmehr auch um Ambiguitäten, die mit dem Recht selbst verbunden sind. Denn jedes Recht, auch völkerrechtliche Bestimmungen, ist auszulegen und jede Auslegung ist interessengeleitet und absichtsvoll. Inner- halb des Völkerrechtes ist es schon Art. 51 der UN-Charta, das Selbstverteidigungsrecht, das bekanntlich von den USA oder Israel anders und extensiver ausgelegt wird als von anderen Staaten. Man kann hieran erkennen, dass das Recht auch die Funktion hat, Plattform und Medium zur Zivilisierung des Streites zu sein. Der Streit um einen Sachverhalt wird in sublimierter Weise als Ausei- nandersetzung um die zutreffende Auslegung einer Rechtsnorm geführt. Aber selbst für den (im Völkerrecht in der Regel nicht gegebenen Fall), dass der Streit richterlich entschieden wird, ist diese Entscheidung nicht vollständig rational ableitbar. Vielmehr spricht der evangelische Theologe Paul Tillich im Zuge seiner rechtsphilosophischen Erwägungen in diesem Zusammenhang von dem „schöpferischen Akt", der „mutigen Entscheidung" und dem „vorausschauende[n] Wagemut", die es dabei in Rechnung zu stellen gelte (vgl. dazu auch Dörfler-Dierken 2015). Die Richterin schöpft im Zuge ihrer Entscheidung eben auch aus einer Quelle, die jenseits des Rechtes angesiedelt ist und die man in der theologischen Tradition des Christentuns als Gewissen bezeichnen würde. Daher verläuft die Rechtsentwicklung auf dem Wege richterlichen Entscheidungen auch keineswegs frei von Brüchen und Sprüngen. Vielmehr fließen die außerrechtlichen Bedingungen in die Rechtsauslegung und Urteilsfindung ein. Für die Friedens- und Rechtsethik bedeutet das, dass eine ausschließliche Fokussierung auf die Rechtsnormen nicht geboten ist, weil dies Einseitigkeiten, im schlimmsten Falle die Abblendung von Realität zur Folge hätte (vgl. von Scheliha 2017).

Zur Mehrdeutigkeit des Rechtes gehört das Phänomen des Rechtspluralismus, das in gewisser Weise auch schon im Alten Testament sichtbar wird, weil die Rechtsbestimmungen der Tora gerade im emanzipativen Gegenzug zu den Rechtsregimes der altorientalischen Hegemonialmächte entwickelt und in Kraft gesetzt werden. Insofern wohnt dieser Tradition ein am Gerechtigkeitsbegriff orientierter, gewissermaßen subversiver Rechtspluralismus inne. Dessen freiheitlicher Sinn sollte in den künftigen friedensethischen Diskursen stärker berücksichtigt werden. Denn zum Souveränitätsprinzip des Völkerrechtes gehört ja auch, dass die Rechtsordnungen der Staaten zu respektieren sind, die ihrerseits unterschiedlichen Rechtstraditionen gehorchen, in der in der Regel Vielfältiges miteinander verbunden ist, beispielsweise religiöses Recht, Stammesrecht, Gewohnheitsrecht und privatrechtliche Abmachungen. „Der Begriff des Rechts ist ein Kulturbegriff" (Radbruch 2003, S. 34), dieser Satz von Gustav Radbruch (1878-1949) ist viel ernster zu nehmen. Das bedeutet: Nicht immer, im Grunde eher selten kann man ein zentralisiertes, einheitliches und hierarchisiertes Recht zurückgreifen, wie es in den europäisch-nationalstaatlichen Rechtstraditionen ausgebildet wurde und wie es die Formel von der rechtserhaltenden Gewalt unterstellt. Friedensethisch könnte es daher sinnvoll sein, den faktischen und möglicherweise wachsenden Rechtspluralismus fruchtbar zu machen.[2]

Die positive Würdigung des Rechtspluralismus für den friedensethischen Diskurs kann im Rekurs auf das Thema „Recht in der Bibel" und im Anschluss an den von Eckart Otto in seinen rechtsgeschichtlichen Studien herausgearbeiteten Ursprung der Rechtsentwicklung im Alten Testament deutlich gemacht werden. Historisch gesehen entwickelt sich das alttestamentliche Recht aus dem Familienrecht, das innergentale und intergentale Konflikte regelt.

> „Eine dritte Rechtsquelle neben der Familie und der Ortsgemein-
> de ist der Kult lokaler und regionaler Heiligtümer, an denen ein
> Sakralrecht [...] der Ordnung des kultischen Lebens einschließ-
> lich der Festordnungen als Gottesrecht promulgiert wird" (Otto
> 2008, S. 75f.) Die lokale Gerichtsbarkeit ist „ursprünglich reines
> Konfliktregelungsrecht" (Otto 1994, S. 25).

Die zum Teil schroffen Rechtssätze verfolgen präventive Absicht. Weil den Ortsgerichten keine Machtmittel zur Rechtsdurchsetzung zur Verfügung stehen, hat das Gerichtsverfahren „seine Substanz

---

2 In der jüngsten Darstellung von Wolfgang Huber (2015) bleibt dieser
   Gesichtspunkt unberücksichtigt, vgl. zum Phänomen Günther (2016,
   S. 43ff.) sowie Kemper (2005).

in der Überzeugungskraft der Argumente zur Überwindung von Konflikten" (Otto 1994, S. 25). Die einschlägigen Rechtsgebiete, an denen Otto die Funktion dieses Rechtes deutlich macht, sind das Körperverletzungsrecht, das Familienrecht und das Sachenrecht, also Gebiete, die vor allem in das Privatrecht fallen. Die Bestimmungen zielen auf Streitschlichtung, indem durch Ausgleichsmaßnahmen reziproke Arrangements hergestellt werden, die dem Frieden dienen. Der vertragsrechtliche Hintergrund ist auch beim alttestamentlichen Begriff „Bund" sichtbar. Die stabile privatrechtliche Praxis von Vertragswerken dürfte der Sachgrund sein für die erstmals beim Propheten Hosea erkennbare Übertragung der Vorstellung einer Ehe auf das Verhältnis zwischen Jahwe und seinem Volk (vgl. Hos 2,4-15; 3,1-4) als einem „Bund" (vgl. Gertz 1998).

Friedensethisch ist es sehr bedeutsam, dass sich in der alttestamentlichen Rechtsgeschichte eine Fülle von Möglichkeiten zeigt, Konflikte beizulegen und zu geordneten und dauerhaften Beziehungen auf der Basis von rechtsförmigen Vereinbarungen zu kommen. Gerade privatrechtlichen Abmachungen liegt im Kern – trotz womöglich asymmetrischer Machtbeziehungen, die ihnen gerade in ökonomischen Zusammenhängen oftmals zukommt – ein reziprokes Anerkennungsverhältnis zu Grunde. Das wäre ausführlicher darzulegen. Hier sei nur der Hinweis angebracht, dass der Philosoph Axel Honneth (2016, S. 148ff.), der gegenwärtig die tief liegendste Begründung für das Anerkennungskonzept gegeben hat, den auf ihm aufruhenden Rechtsbegriff am Paradigma des öffentlichen Rechtes profiliert hat. Aber gerade ein am Privatrecht orientiertes Rechtsverständnis kann flexiblere und – weil nicht notwendiger Weise ein starker Staat vorausgesetzt werden muss – pazifizierende Lösungen in kleinen Räumen mit begrenzter, aber nachhaltiger Wirkung erreichen. So verweist Otto etwa darauf, sich die lokal gepflegten und (intra)gental orientierten Rechtsbestimmungen auch in der staatlichen Zeit Israels erhalten und ihre Dynamik weiterhin entfaltet zu haben:

> „Wurde das Recht nicht staatlich aufgesogen, so konnte es Fehlentwicklungen im Staate entgegentreten, zu einer kritischen Instanz werden und wie im Deuteronomium die Einheit des Volkes im Gotteswillen begründen, wo es in den sozialen und politischen Konflikten zerbrach" (Otto 2008, S. 81).

Insofern können sich lokale Rechtsquellen und im göttlichen Willen verankerte Rechtsbestimmungen und Vertragsverpflichtungen mitunter als kräftiger und überzeugender erweisen als staatliches Recht und öffentliche Rechtsregime, weil diese gerade in Zeiten bewaffneter Auseinandersetzungen rasch wechseln können und in instabilen Ländern politischen Unwägbarkeiten bis hin zu Revolutionen ausgesetzt sind. Dagegen können die regionalen Rechtsquellen ihre präventive Bedeutung und Konflikte schlichtende Bedeutung aufbauen und erhalten durch lokale Pflege und die Überzeugungskraft, die durch die personale Präsenz der Konfliktparteien an den örtlichen Aushandlungsprozessen bewährt wird.

Mit Blick auf die gegenwärtigen Krisenregionen im Nahen und Mittleren Osten ist daran zu erinnern, dass in der Religion des Islams das Personenstands-, Ehe- und Familienrecht sowie das Vertrags- und Wirtschaftsrecht ebenfalls einen überragenden Stellenwert haben (vgl. Rohe 2009, S. 76ff.). Die Rücksicht auf die Sozialstruktur der in diesen Regionen lebenden Bevölkerungen kann in Verbindung mit der Erinnerung an den Stellenwert dieser Rechtstradition im Alten Testament ein Anlass dafür sein, das friedensethische Verständnis des Rechtsbegriffs zu erweitern und mehr Raum für die Realität privatrechtlich gestützter ökonomischer Interessen zu geben und stammes- und familienrechtlicher Abmachungen beim Aufbau von Staatlichkeit und Frieden stärker zu berücksichtigen. Die rechtsstiftende und erhaltende Gewalt

würde auf diese Weise weniger *top down* aus völkerrechtlichen
Bestimmungen deduziert, als vielmehr durch an vorhandene
Rechtstraditionen anknüpfende, rechtspolitische Verhandlungs-
lösungen, mithin *bottom up* aufgebaut. Der Preis dafür wäre ein
gewisser und bisweilen unübersichtlicher Rechtspluralismus, der
in den orientalischen Rechtskulturen bekannt war, der aber auch
unserem Rechtsdenken nicht fremd ist. Das lehren die Beiträge
zum Recht in der Bibel.

In Anknüpfung an die bundestheologische Begründung des
Gottesrechtes im Alten Testament wäre schließlich an die spi-
rituelle Bedeutung des Rechtsgrundes und des Friedensziels zu
erinnern. Der Gottesgedanke geht ja in der Rationalität des von
ihm gesetzten Rechtes nicht auf, sondern bleibt ihm gegenüber
immer transzendent und überschwänglich. Ein Motiv für die in
der alttestamentlichen Religionsgeschichte sichtbar werdende
Entstehung des Monotheismus dürfte darin zu sehen sein, die
überrationale Transzendenz Gottes symbolisch und kultisch zu
vergegenwärtigen. Dementsprechend wird das Verständnis des
Friedens schon innerhalb des Alten Testamentes umfassend und
ganzheitlich. Der alttestamentliche Begriff bezeichnet

> „nicht nur das Fehlen von Gewalt, sondern einen lebensförder-
> lichen Zustand in der Gemeinschaft von der Familie bis zu Volk
> und Völkerwelt, die segenreiche Interaktion zwischen Menschen
> und Natur sowie die Versöhntheit zwischen Gott und Mensch"
> (Otto 2000, Sp. 359f.).

In dieser Perspektive ist „Eschatologie" weniger eine Kategorie
der Rechtsethik, sondern begreift das Heil des ganzen Menschen
und aller Menschen. In der reformatorischen Tradition ist es die
Eschatologie, die in Luthers Obrigkeitsschrift den christlichen
Fürsten dazu motiviert, nicht eigennützig zu handeln, sondern
„von ganzem Herzen auf Nutzen, Ehre, Ruhe und Heil für andere"

zu trachten.[3] Das Gebot der Nächstenliebe hat einen geistlichen
Grund und ein geistliches Ziel, weil es mit der Gottesliebe verknüpft
ist. Sie nimmt in der Gesellschaft Gestalt an, in der Form gelebter
Religion und in Form religiöser Institutionen. Die öffentliche Pflege
von Religion im Geist der Religionen ist daher Teil des Friedens
selbst, der symbolisch vergegenwärtigt wird. Die Betrachtung des
Rechtes in der Bibel und seine Bedeutung für die gegenwärtige
Friedensethik ist so lange nicht ausgeschöpft, bis die spirituellen
Merkmale des Begriffs, wie sie zum Beispiel in den großen Frie-
densvisionen des Alten Testaments (beispielsweise Jes 2,2-4 oder
Micha 4,1-5) vorliegen, eingeholt sind. Wie für das Gewissen, so
gilt auch für den Frieden im Vollsinne, dass das Recht dafür eine
notwendige, aber nicht hinreichende Bedingung darstellt. Mit
Leben erfüllt werden Gewissen und Frieden von der Freiheit der
Akteure. An dieser Stelle sollten weitere friedensethische Überlegungen anknüpfen.

---

3 Anderenfalls droht das göttliche Gericht mit Strafen: „Wer aber ein
   christlicher Fürst sein will, muss grundsätzlich die Absicht aufgeben,
   herrschen und mit Gewalt vorgehen zu wollen. Denn verflucht und
   verdammt ist jedes Leben, das zum eigenen Nutzen und Vorteil gelebt und erstrebt wird. Verflucht sind alle Handlungen, die nicht von
   Liebe getragen werden. Dann aber werden sie von der Liebe getragen,
   wenn sie nicht auf Lust, Nutzen, Ehre, Ruhe und Heil für einen selbst
   gerichtet sind, sondern von ganzem Herzen auf Nutzen, Ehre, Ruhe
   und Heil für andere." (Luther 2015 [1523], S. 41).

Literatur

Dörfler-Dierken, Angelika. 2015. Widerstand. In *Hier stehe ich, ich kann nicht anders. Zu Martin Luthers Staatsverständnis*, hrsg. von Rochus Leonhardt und Arnulf von Scheliha, 137–167. Baden-Baden: Nomos.

Gertz, Jan Christian. 1998. Art. Bund II. Altes Testament. In *Religion in Geschichte und Gegenwart*. Bd. 1, hrsg. von Hans Dieter Betz, Don S. Browning, Bernd Janowski und Eberhard Jüngel, 1862–1865. 4. Aufl. Tübingen: Mohr Siebeck.

Günther, Klaus. 2016. Normativer Rechtspluralismus – Eine Kritik. *In Das Recht im Blick der Anderen*, hrsg. von Thorsten Moos, Magnus Schlette und Hans Diefenbacher, 43–62. Tübingen: Mohr Siebeck.

Herms, Eilert. 2008. *Politik und Recht im Pluralismus*. Tübingen: Mohr Siebeck.

Huber, Wolfgang. 2006. *Gerechtigkeit und Recht. Grundlinien christlicher Rechtsethik*. 3. Aufl. Gütersloh: Gütersloher Verlagshaus.

Huber, Wolfgang. 2015. Rechtsethik. In *Handbuch der Evangelischen Ethik*, hrsg. von Wolfgang Huber, Torsten Meireis und Hans-Richard Reuter, 125–193. München: C. H. Beck.

Honneth, Axel. 2016. *Der Kampf um Anerkennung. Zur moralischen Grammatik sozialer Konflikte*. 9. Aufl. Frankfurt a. M.: Suhrkamp.

Kemper, Michael. 2005. *Rechtspluralismus in der islamischen Welt. Gewohnheitsrecht zwischen Staat und Gesellschaft*. Berlin: De Gruyter.

Kreß, Hartmut. 2012. *Ethik der Rechtsordnung. Staat, Grundrechte und Religionen im Licht der Rechtsethik*. Stuttgart: Kohlhammer.

Lehmann, Roland. 2015. Naturrecht. In: *Hier stehe ich, ich kann nicht anders. Zu Martin Luthers Staatsverständnis,* hrsg. von Rochus Leonhardt und Arnulf von Scheliha, 169-212. Baden-Baden: Nomos.

Luther, Martin. 2015 [1523]. Von der weltlichen Obrigkeit: wie weit man ihr Gehorsam schuldet. In *Hier stehe ich, ich kann nicht anders. Zu Martin Luthers Staatsverständnis,* hrsg. von Rochus Leonhardt und Arnulf von Scheliha, 17–48. Baden-Baden: Nomos.

Meireis, Torsten (Hrsg.). 2012. *Gewalt und Gewalten. Zur Ausübung, Legitimität und Ambivalenz rechtserhaltender Gewalt*. Tübingen: Mohr Siebeck.

Otto, Eckart. 1994. *Theologische Ethik des Alten Testaments*. Stuttgart: Kohlhammer.

Otto, Eckart. 2000. Art. Frieden II. Altes Testament. In *Religion in Geschichte und Gegenwart*. Bd. 3, hrsg. von Hans Dieter Betz, Don S. Browning, Bernd Janowski und Eberhard Jüngel, 359-360. 4. Aufl. Tübingen: Mohr Siebeck.

Otto, Eckart. 2004. Wer wenig im Leben hat, soll viel im Recht haben. Die kulturhistorische Bedeutung der Hebräischen Bibel für eine moderne Sozialethik. In *Recht und Ethik im Alten Testament*, hrsg. von Bernhard Malcolm Levinson und Eckart Otto, 180–188. Münster: LIT.

Otto, Eckart. 2008. *Altorientalische und biblische Rechtsgeschichte. Gesammelte Studien*. Wiesbaden: Harrassowiz.

Radbruch, Gustav. 2003. *Rechtsphilosophie*. Paderborn: C. F: Müller.

Reuter, Hans-Richard. 2013. *Recht und Frieden. Beiträge zur politischen Ethik*. Leipzig: Evangelische Verlagsanstalt.

Rohe, Mathias. 2009. *Das islamische Recht. Geschichte und Gegenwart*. München: C. H. Beck.

Von Scheliha, Arnulf. 2017. Jenseits des Rechts – Was motiviert zum Frieden? *epd-Dokumentation* Nr. 40 vom 21. Februar 2017: 19–28.

Autorinnen und Autoren

Frank Crüsemann, Dr. theol. habil., emeritierter Professor für Altes Testament an der Kirchlichen Hochschule Wuppertal/Bethel

Thomas Hoppe, Dr. theol. habil., Professor für Katholische Theologie unter besonderer Berücksichtigung der Sozialwissenschaften und der Sozialethik an der Helmut-Schmidt-Universität Hamburg

Sarah Jäger, Dr. des. theol., Wissenschaftliche Mitarbeiterin an der Forschungsstätte der Evangelischen Studiengemeinschaft e. V. in Heidelberg

Friedrich Lohmann, Dr. theol. habil., Professor für Evangelische Theologie mit dem Schwerpunkt Angewandte Ethik an der Universität der Bundeswehr München

Stefan Oeter, Dr.iur.utr. habil., Universitätsprofessor für Öffentliches Recht, Europarecht und Völkerrecht und geschäftsführender Direktor des Instituts für internationale Angelegenheiten der Universität Hamburg

© Springer Fachmedien Wiesbaden GmbH, ein Teil von Springer Nature 2018
S. Jäger und A. von Scheliha (Hrsg.), *Recht in der Bibel und in kirchlichen Traditionen,* Gerechter Frieden, https://doi.org/10.1007/978-3-658-20937-7

Arnulf von Scheliha, Dr. theol. habil., Professor für Theologische Ethik an der Evangelisch-Theologischen Fakultät der Universität Münster und Direktor des Instituts für Ethik und angrenzende Sozialwissenschaften (IfES)

Printed in the United States
By Bookmasters